外部压力、公司绩效
与社会责任信息披露

刘敏 著

九州出版社
JIUZHOUPRESS

图书在版编目（CIP）数据

外部压力、公司绩效与社会责任信息披露 / 刘敏著.
-- 北京：九州出版社，2021.9
　　ISBN 978-7-5225-0540-4

　　Ⅰ．①外… Ⅱ．①刘… Ⅲ．①企业责任－社会责任－
信息管理－研究－中国 Ⅳ．①F279.23

中国版本图书馆 CIP 数据核字(2021)第 196925 号

外部压力、公司绩效与社会责任信息披露

作　　者	刘敏　著
责任编辑	陈丹青
出版发行	九州出版社
地　　址	北京市西城区阜外大街甲 35 号(100037)
发行电话	(010)68992190/3/5/6
网　　址	www.jiuzhoupress.com
印　　刷	三河市嵩川印刷有限公司
开　　本	787 毫米×1092 毫米　16 开
印　　张	9
字　　数	170 千字
版　　次	2022 年 3 月第 1 版
印　　次	2022 年 3 月第 1 次印刷
书　　号	ISBN 978-7-5225-0540-4
定　　价	38.00 元

前　　言

履行社会责任并披露社会责任信息是企业义不容辞的责任。目前,我国社会责任事件频发,社会责任信息披露滞后问题严重,严重影响了利益相关者的利益。企业往往只注重自身的利润,而忽视了环境、公众、政府、消费者等利益相关者的利益。因此,社会责任问题也越来越受到关注,社会责任信息披露显得更为重要,而披露社会责任信息,可以减少企业与利益相关者之间的信息不对称,无论是对企业本身还是外部的利益相关者来说都是双赢的。然而,很多企业意识不到这一点,很多企业在披露社会责任信息时进行选择性披露、报喜不报忧,而且还存在瞒报的现象,本书正是在这样一个背景下,研究如何使企业披露社会责任信息,并且主动地披露社会责任信息。

首先,本书对国内外有关社会责任信息披露的文献进行梳理,主要从社会责任信息披露的内容、计量方法、影响因素、经济后果几个方面介绍国内外的研究成果,并对现有文献进行评述。其次,利用合法性理论、公共压力理论来解释外部压力对社会责任信息披露的影响,用企业伦理理论和可持续发展理论来解释公司绩效对社会责任信息披露的影响,并建立了社会责任信息披露指数,利用多元回归分析法、Logit回归分析法、二阶段最小二乘法实证检验了外部压力、公司绩效对社会责任信息披露的影响。最后,以紫金矿业为例,分析社会责任信息披露是否受到外部压力以及公司绩效的影响,分析紫金矿业事件不披露以及延迟披露的原因。

各章内容如下:

第1章是绪论,在绪论部分,阐述了有关社会责任信息披露存在的问题,本书研究的目的和意义、研究的思路与方法、研究的创新点、本书的结构与安排。

第2章是文献综述,主要对国内外有关社会责任信息披露的文献进行梳理,主要从社会责任信息披露的内容、计量方法、影响因素、经济后果几个方面介绍国内外的研究成果,并对现有文献进行评述,从中得到一些启示,也发现一些欠缺,进而提出了本书的研究方向。

第3章是社会责任信息披露的理论分析,首先对社会责任和社会责任信息披露进行了界定,然后结合合法性理论、可持续发展理论、公共压力理论、企业伦理理论分析外部压力、公司绩效对社会责任信息披露的影响,为后面的实证研究和案例分析做铺垫。

第4章是实证研究设计,主要论述了研究方法的选择、变量的选择,样本选取和数据来源以及社会责任信息披露水平的度量,建立了社会责任信息披露指数,并对社会责任信息披露指数进行了信度分析,为下面的实证研究做准备。

第5章是外部压力对社会责任信息披露影响的实证分析,主要用多元回归的方法来实证检验外部压力即合法性压力、政府干预、制度压力对我国上市公司的社会责任信息披露水平的影响,同时用逻辑回归方法来检验合法性压力、政府干预、制度压力对管理者的社会责任态度是否产生影响。

第6章是公司绩效对社会责任信息披露的影响分析,研究公司绩效即公司的财务绩效和社会绩效对我国上市公司的社会责任信息披露水平的影响,通过联立两组方程组并采用二阶段最小二乘法实证检验财务绩效和社会绩效与社会责任信息披露水平是否存在交互作用。

第7章是案例分析——以紫金矿业社会责任信息披露为例,以紫金矿业2010年7月有毒污水泄漏事件为例,分析此事件中社会责任信息披露是否受到外部压力以及公司绩效的影响,分析紫金矿业事件不披露以及延迟披露的原因。

第8章是研究结论及进一步的研究方向,这是本书的最后一部分,在理论和实证以及案例分析的基础上得出本书的结论,并从企业的层面、法律制度的层面以及政府监管的层面提出可行性建议,并指出未来研究的方向。

本书在以下方面可能有所创新:(1)本书从企业外部与企业自身的角度出发研究了外部压力和公司绩效对社会责任信息披露水平的影响,并且通过案例分析,研究案例企业的社会责任信息披露水平是否受到外部压力以及公司绩效的影响。(2)在研究外部压力对社会责任信息披露的影响中,除了考察合法性压力的影响外,还研究政府的干预以及制度的压力对社会责任信息披露的影响,并采用Logit回归分析方法实证检验了合法性压力、政府干预、制度压力对管理者的社会责任态度存在影响。(3)本书在研究公司绩效对社会责任信息披露的影响中,除了研究财务绩效对社会责任信息披露的影响外,还研究了社会绩效对社会责任信息披露的影响,在国内还没有对此进行研究的文献。在研究方法上,本书试图将公司财务绩效、社会绩效分别与社会责任信息披露水平联立了两组方程组,并采用二阶段最小二乘法,来实证检验公司财务绩效和社会绩效是否与社会责任信息披露水平之间存在交互作用。

　　本书的研究局限主要体现在以下几个方面：（1）从样本选取的角度来看，本书所用样本为发布社会责任报告的上市公司，对未发布社会责任报告的公司并没有进行研究。（2）本书只对上市公司发布的社会责任报告进行评价，年报的信息并没有进行分析。（3）合法性压力变量的替代变量的选取还有待做进一步的研究，所选取的替代变量还不能完全替代合法性压力。（4）本书并没有研究财务绩效和社会绩效之间的关系。

目　　录

第1章 绪 论

1.1 问题的提出

履行社会责任并披露社会责任信息,是企业义不容辞的责任。企业承担社会责任,是落实科学发展观和构建和谐社会的要求。企业在经济发展中,既要承担经济方面的责任,也要承担社会方面的责任,企业要在承担经济责任过程中更好地履行社会责任。最终的目标要实现企业的价值与社会价值的统一,企业效益与社会效益的统一。

企业履行社会责任是企业提升发展质量的重要标志,大家都知道,如果企业不注重环境保护,以牺牲环境为代价来赚取利润,或是企业不注重安全生产、不注重食品安全、不注重产品质量、生产假冒伪劣商品,便会损害广大消费者的利益,给社会公众造成损失,给企业带来负面影响,必然欲速则不达,最终导致关门倒闭。因此,企业在制定发展战略的过程中,必然要将履行社会责任作为企业长远发展的战略来考虑,企业只有重视和履行社会责任,及时披露社会责任信息,才能从根本上转变发展方式,提升企业的发展质量,才能真正地做到可持续发展。才能给企业带来长远的效益。

美国 LRN 公司曾于 2006 年进行了一场市场伦理调查,结果显示,72%的调查者表示愿意以更高的价格选择以符合伦理的方式从事商业实践的企业来购买产品和服务,70%的人已经有过确信某个企业伦理道德有问题而拒绝从其购买商品和服务的经历①。可见企业对于社会公众来说并不是单纯的生产产品和服务,企业的社会责任感对公众来说尤为重要,社会公众的选择将决定企业的利润情况。

---

① 财政部会计司.企业内部控制规范讲解[M].北京:经济科学出版社,2010.

不重视社会责任的企业将会受到社会公众的抵制,受到市场的惩罚,而承担社会责任的企业会得到社会公众的褒奖,为企业持续经营提供广阔的空间。将企业的发展与社会责任相结合,将会使企业实现双赢或者多赢。

企业通常认为,他们的责任就是创造利润,利润最大化和股东财富最大化是企业追求的终极目标,认为履行社会责任是政府的事情,企业对自身的这种定位是不正确的,有失偏颇的。企业追求利润是企业应该做的,但企业不履行社会责任披露社会责任信息显然是不符合我国构建和谐社会的目标。在国家提出"构建和谐社会"的背景下,企业要与其利益相关者相互依存,除了追求经济利益外,还要考虑利益相关者的利益,共同来承担社会责任。目前,我们国家社会责任事件频有发生,社会责任信息披露滞后问题严重,这严重影响了利益相关者的利益。如吉林石化苯泄露事件、三鹿奶粉事件、紫金矿业事件、双汇瘦肉精事件、地沟油、广西柳州龙江河镉污染事件等一系列社会责任问题日益凸现,社会责任问题越来越引起社会的广泛关注,社会公众开始质疑企业仅单纯追求自身利益最大化的目标是否合理。据报道,2005 年,吉林石化苯车间爆炸,严重污染了松花江,企业信誓旦旦地保证:"爆炸只会产生水和二氧化碳。不会污染水源。"而事实上,苯泄漏造成松花江流域严重水污染。而三鹿集团也是如此,从 2008 年 3 月不断地接到一些投诉,是关于孩子长期喝三鹿奶粉而患泌尿系统结石病的情况,三鹿集团也做了一些关于患儿患病情况、原料奶站、产品质量方面的调查。而后确认奶粉的质量存在问题,但是当面对媒体、公众的质问时,却隐瞒真相,进而逃避责任[①]。在三鹿集团承认奶粉是受到了三聚氰胺污染的前一天,还发表声明称,"我们可以肯定地说,我们所有的产品都是没有问题的。[②]"根据 2008 年 11 月 13 日《商务周刊》的相关报道,三鹿集团在相当长的时间内没有向政府报告。更严重的是,三鹿集团致电百度希望能协助屏蔽最近三鹿的负面新闻[③]。而紫金矿业在 2009 年 9 月份就曾发生泄漏事件,没有披露,在 2010 年的 6 月再次泄漏,还是没有披露,在 2010 年的 7 月 3 日再次泄漏,在这次泄露事故发生 9 天后,也就是 7 月 12 日才做出了通报。这三起事件的共同点是,在事件发生之初并不披露,而在事件隐瞒不住的时候,才不得不披露。及时地披露社会责任信息,能够表明公司在履行社会责任方面是如何做的,及其效

---

① 根据 2009 年 1 月 1 日《中国青年报》的相关报道。

② 根据 2008 年 11 月 13 日《商务周刊》的相关报道。

③ 根据 2008 年 9 月 13 日《新浪科技》的相关报道（http://tech. sina. com. cn/i/2008-09-13/15472456026. shtml）。

果如何,向社会公众及时地通报有关社会责任方面的信息,有助于社会公众做出正确的决策,及时地采取措施,将可能的损失降到最低。然而,我国上市公司在社会责任信息披露方面,一个比较突出的问题是上市公司对社会责任信息进行有选择的披露。并且存在报喜不报忧的情况,对企业比较有利的部分浓墨重彩,进行重点披露,而对于做得不好或并未采取有效措施的部分,特别是对企业自身的负面信息,则一笔带过甚至根本不予提及。而有的企业在社会责任信息披露方面处于旁观状态,上市公司这种报喜不报忧地有选择性披露,容易对社会公众产生误导,影响他们对企业社会责任履行情况的判断,给社会带来巨大的损失。基于上述种种情况,本文研究到底什么影响了上市公司对社会责任信息的披露? 是什么使企业对应该披露的社会责任信息不披露? 为什么对应该承担的基本社会责任都做不到呢? 到底是什么原因使企业不积极主动地披露社会责任信息? 是给予企业的压力不够,还是企业根本认识不到披露社会责任信息是一件对自身和利益相关者都有好处的双赢的事呢? 是政府的监管不到位,还是企业自身的问题,还是我们的制度有问题,抑或是公众的维权意识还不高? 基于上述这些疑问,本文将研究外部压力即合法性压力、政府干预、制度压力对社会责任信息披露的影响,以及公司绩效即财务绩效和社会绩效对社会责任信息披露的影响,以便对目前的企业社会责任信息披露所存在的问题提出可行性的建议。

1.2 研究目的和意义

1.2.1 研究目的

目前,企业社会责任事件时有发生,而且,社会责任信息披露滞后,存在报喜不报忧的现象,影响了企业的社会形象,严重影响了社会责任信息的透明度,给社会和公众造成了巨大的损失。企业社会责任缺失到底是什么原因? 企业不披露和延迟披露社会责任信息是为什么? 是企业自身没有认识到披露社会责任信息的重要性? 还是企业本身怕披露这些社会责任信息后对企业自身产生不良的影响? 还是企业本身就漠视社会责任信息披露? 抑或是国家的监管不到位,国家相应的法律法规不健全,社会公众的维权意识不强,企业社会责任信息披露是否与外部压力有关,是否与企业绩效有关? 因此,基于这些疑问,本文想通过从企业自身的角度和企业外部的角度对社会责任信息披露进行研究,到底是什么环节出现了问题。

进而从企业自身和企业外部的角度来解决企业社会责任信息披露的问题,从短期来讲,让企业能够披露社会责任信息,并且改变旁观状态和漠视状态。改变目前企业选择性披露、报喜不报忧的状况。从长期来讲,让企业积极主动地披露社会责任信息,把积极履行社会责任并及时地披露社会责任信息做为企业的一个发展战略。

1.2.2 研究意义

1.2.2.1 理论意义

(1)丰富了我国社会责任信息披露的理论研究

本书以 2008 年度发布社会责任报告的上市公司为研究样本,通过对社会责任报告里披露的社会责任信息来衡量上市公司社会责任信息披露的水平,并通过构建计量经济模型,实证检验了我国上市公司社会责任信息披露水平是否受到外部压力、公司绩效的影响,从企业自身和企业外部的角度为公司社会责任信息披露的研究提供了证据支持。分析外部压力、公司绩效对上市公司社会责任信息披露水平的影响,丰富了我国社会责任信息披露的理论研究。

(2) 深化了对社会责任信息披露水平的衡量

在对社会责任信息披露水平的定量研究中,使用的方法比较多,有声誉指数法、内容分析法、指数法等,本研究在借鉴前人的社会责任信息披露研究成果的基础上,采用内容分析法,将社会责任信息分为五大类,分别为环境保护、人力资源的开发和使用情况、产品或服务的性能与安全、对社会的贡献和利益相关者的责任。并根据对社会责任信息披露的程度进行赋值,来衡量社会责任披露水平,构建社会责任信息披露指数,并对社会责任信息披露指数进行了信度分析,本研究充实了对我国上市公司社会责任信息披露水平衡量的研究。

1.2.2.2 现实意义

(1)对企业社会责任信息披露的实践起到一定的指导意义

目前,我国上市公司在社会责任信息披露方面还不是很积极,上海证券交易所和深圳证券交易所以及国资委都要求企业披露社会责任报告,通过社会责任报告来披露社会责任信息,但一部分上市公司存在应付差事的心理,所以报喜不报忧的现象也非常常见,因此,本书的研究结果将有助于对上市公司积极披露社会责任信息、提高信息的披露水平起到积极的指导作用。

(2)为国家相关部门制定相关的社会责任信息披露政策提供建议

本书从外部压力的视角,即合法性压力、政府干预、制度压力对企业披露社会责任信息是否存在影响进行了分析,本书的研究结论将有助于国家相关部门制定社会责任信息披露政策,为其提供较强的参考价值。这对于提高上市公司的社会责任信息披露,增强信息的透明度、减少信息不对称、保护利益相关者的利益具有积极的意义。

(3)为政府相关部门加强对上市公司社会责任信息披露的监管提供建议

目前,对于上市公司社会责任信息披露的监管,存在地方政府保护主义,尚有相关的监管部门监管不到位和监管力度不够以及对企业社会责任违规惩罚力度较小等一系列的问题,因此本书通过对企业社会责任信息披露的研究,得出的结论将为政府相关部门加强监管提供一些可行性建议。

1.3　研究思路与方法

1.3.1　研究思路

本书的逻辑结构图如图 1-1 所示,研究思路可概括为,首先针对目前我国企业出现的社会责任信息披露滞后,以及存在报喜不报忧的情况,提出了企业为什么会存在这种现象,并指出披露社会责任信息的重要性。

其次,对前人关于社会责任信息披露问题的研究成果进行论述并加以总结,并结合合法性理论、公共压力理论、企业伦理理论、可持续发展理论,分析了本文需要研究的外部压力、公司绩效对社会责任信息披露的影响。

再次,为了分析我国上市公司社会责任信息披露的水平,利用内容分析法把社会责任信息分为五类,建立了社会责任信息披露指数,并对此指数进行信度分析,之后综合运用独立样本 T 检验、多元回归分析、Logit 回归分析、二阶段最小二乘法等多种统计分析方法,对外部压力、公司绩效对社会责任信息披露的影响进行实证分析。

最后,结合紫金矿业的案例,来分析紫金矿业 2010 年 7 月有毒废水泄露事件,进而得出对我们的启示。结合实证检验的结论和案例分析的结论得出本书的最后结论,并对企业和我国政府的监管部门提出建议。

1.3.2　研究方法

本书采用规范研究和实证研究相结合的研究方法,广泛地阅读了国内外有关社会责任方面的文献,了解了与社会责任信息披露相关的进展情况,通过对文献的梳理,总结以往的研究成果,并在此基础上,结合合法性理论、公共压力理论、企业伦理理论、可持续发展理论分析了外部压力和公司绩效与社会责任信息披露的关系,提出了外部压力的各因素和公司绩效的各影响因素,提出本文的研究假设。

本书采用内容分析法,将社会责任信息的内容分为五类,并建立了社会责任信息披露指数,并对其进行了信度分析;用多元回归方法分析外部压力对社会责任信息披露水平的影响进行了实证检验;并采用 Logit 回归分析方法分析外部压力对管理者的社会责任态度是否存在影响;对公司绩效的两个因素也就是财务绩效和社会绩效分别与社会责任信息披露水平的关系,通过联立了两个方程组,采用二阶段最小二乘法进行检验。本文用 Eviews5.0 统计软件作为分析工具。

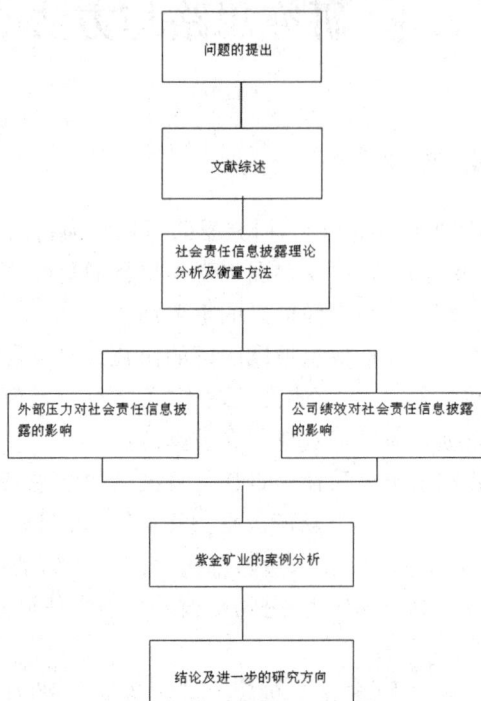

图 1-1　本书逻辑结构图

1.4 研究的创新点

本书在以下方面可能有所创新：

(1)本书从企业外部与企业自身的角度出发研究了外部压力和公司绩效对社会责任信息披露水平的影响。并且通过案例分析,来研究案例企业的社会责任信息披露水平是否受到外部压力、公司绩效的影响。

(2)在研究外部压力对社会责任信息披露的影响中,除了考虑合法性压力的影响外,还研究政府的干预以及制度的压力对社会责任信息披露的影响。并采用 Logit 回归分析方法实证检验了合法性压力、政府干预、制度压力对管理者的社会责任态度是否存在影响。

(3)本书在研究公司绩效对社会责任信息披露的影响中,除了研究财务绩效对社会责任信息披露的影响,还研究了公司社会绩效对社会责任信息披露的影响。这在国内还没有对此进行研究的文献。在研究方法上,本书试图将公司财务绩效、社会绩效分别与社会责任信息披露水平联立了两组方程组,并采用二阶段最小二乘法,来实证检验公司财务绩效和社会绩效是否与社会责任信息披露水平之间存在交互作用。

第 2 章　文献综述

本章将对有关社会责任信息披露的文献进行梳理,首先介绍有关社会责任信息披露的内容,其次是有关社会责任信息披露的计量方法,之后介绍有关社会责任信息披露的影响因素,最后介绍有关社会责任信息披露的经济后果。在对相关文献进行梳理之后,对已有的文献进行评述。

2.1　关于社会责任信息披露内容

Ernst & Young[①]研究了财富 500 强企业的社会责任信息,最终经过总结把社会责任信息概括为环境信息、能源信息、人力资源信息、机会平等信息、社会信息、产品信息、其他。环境信息主要是控制污染、自然环境的保护、对环境的治理;能源信息主要包括能源的保护、产品消耗能源的节约;人力资源信息主要是员工的健康安全、员工的培训;机会平等信息指的是对少数民族、女性的雇佣和提拔;社会信息主要是参与公益活动、教育和文化信息;产品信息主要是产品的安全和质量、降低产品的污染;其他主要指的是除上述以外的信息。美国的会计师协会(NAA)1974 年的研究报告表明,社会责任信息可分为四类,包括社区参与信息、自然资源和环境信息、人力资源信息、产品与服务信息。

Trotman and Bradle(1981)把社会责任信息分为环境信息、能源、产品、人力资源、社区参与、其他六类指标,又将六类指标分成了 36 个小类。环境信息包括污染控制、改善环境、循环使用废旧物品等;能源主要包括利用废旧原料的信息、降低能源消耗的信息、节能的信息等;产品主要包括产品合格率、返修率、产品安全事故

---

① Ernst & Young 曾经是安永会计师事务所的前身。

数量及赔偿金额、消费者投诉数量、产品售后支出、消费者权益保护投入等;人力资源主要包括产品安全、产品的循环利用等信息;社区参与主要包括各种捐款、建立奖学金、救助灾区人民等信息;其他主要包括为居民提供福利、为青年介绍工作经验等信息。

Carroll(1991)把社会责任分为四个层次,他认为社会责任呈金字塔形结构,首先是经济责任,经济责任是最基础的,然后是法律责任,此外是伦理责任,最后是慈善责任。并认为社会责任具有用户、环境、产品安全、职业安全、反种族和性别歧视、股东六个维度。

Gray 等(1995)经过研究认为社会责任信息分为环境信息、消费者问题信息、能源信息、社区信息、慈善和捐赠信息、与雇员相关的数据信息、养老金的数据信息、向雇员咨询信息、在南非的雇佣信息、雇佣残疾人信息、增值表、健康与安全信息、雇佣持股计划信息、其他的雇佣信息、其他信息,共 15 大类。

Yamagami T. 和 Kokubu K.(1991)把社会责任信息披露的内容分为环境信息、研究与开发信息、社区参与信息、企业的国际活动信息、雇员关系信息共五类。指出披露的社会责任信息是企业对外提供的有社会影响的信息。

虽然上述国外学者研究结论具有一些差异,但是也存在颇多共识。首先,披露内容方面几乎都强调环境保护;其次,大多数研究者认为利益相关者理论是社会责任信息披露内容的指导基础。

我们国家的学者对社会责任信息披露的内容也进行了研究,如常勋(2001)在《国际会计》这本书中对各国社会责任信息披露的内容进行了高度的总结和概括,认为社会责任信息包括环境信息、产品的性能和安全信息、人事信息、企业行为方面的信息、就业机会信息、商业道德信息、参与社区活动信息,共七项。葛家澎、林志军(2001)研究认为,企业应该在披露正常经营活动信息的同时,提供企业社会责任方面的信息,主要包括环境的保护、员工的培训、就业、医疗劳保、反种族歧视、与社区关系或企业所做贡献等信息。阳秋林(2005)指出,企业社会责任信息披露除了包括社会贡献率和社会积累率外,应该还包括改善生态环境方面的信息、商业道德方面的信息、社会福利的信息、提供产品和维修服务的信息、人力资源方面的信息、公司收益的信息。

顾兆峰(1997)将企业社会责任信息披露的内容归纳为参加企业经营活动的各个集团的利益所得、环境资源、职工责任、消费者权益、公益福利等五个方面。刘国华(1998)对社会责任会计责任范围进行了圈定,除顾兆峰曾经提到的五个方面外,增加了企业交纳的各种税款一项。

　　刘秀琴(2003)认为,社会责任信息披露应包括人力资源方面的贡献、员工福利情况、对所在地区的贡献、对改善自然环境的贡献、企业收益方面的贡献、产品质量和售后服务情况、对政府履行的义务等七个方面。

　　李正(2007)把社会责任信息分为六大类 17 小类:环境问题类,包括污染控制、环境恢复等六小类;员工问题类,包括员工的健康和安全、员工其他福利等五小类;社区问题类,主要是企业所在社区的利益,仅此一类;一般社会问题类,如弱势群体的利益、公益或其他捐赠等三类;消费者问题类,主要包括产品质量提高,仅此一类;其他类主要是银行或债权人的利益,也仅此一类。

　　沈洪涛(2006)等人选取 1999 年至 2003 年中国上市公司制造业中的石化行业为样本,对上市公司社会责任信息的披露现状进行了描述性研究,发现 2002 年1 月中国证监会和经贸委联合颁布《上市公司治理准则》后,上市公司社会责任信息披露有显著的改善,但在披露内容和披露方式上还是有很大的随意性和不一致性,披露质量有待进一步提高。

2.2　关于社会责任信息披露计量方法

　　研究社会责任信息披露问题,首先就要明确社会责任信息如何进行计量,社会责任信息的计量方法经过对相关文献的梳理,大约有这样三种方法:声誉指数法、指数法、内容分析法。

　　首先来阐述“声誉指数法”,所谓“声誉指数法”是由专家学者(甚至 MBA 学生)通过对公司各类社会责任方面的相关政策进行主观评价后得出公司声誉的排序结果[①]。这种方法的优点在于:首先,这种方法完全是专家学者的观点,相对来说比较权威;其次,是由同一个专家学者对不同的公司运用了同样的标准进行评价,这样可以保证评价标准的一致性;最后,这种方法通常能够对比出对不同公司中同等重要的相关利益者的看法。声誉指数法存在上述优点,当然也有缺点,首先这种方法完全是专家学者个人的主观判断,所以具有比较强的主观色彩,其次是这种方法比较适合进行小样本的研究,因此基于这种方法得出的结论可能不具有普遍性,不能用于推断总体。

---

　　① 　沈洪涛.公司社会责任与公司财务业绩关系研究[D].厦门大学,2005.

最早使用声誉指数法的是美国经济优先权委员会,他们在 1971 年对造纸行业的 24 家公司的污染控制方面的表现进行了排名。Folger and Nutt(1975)、Spicer(1978)就都应用了声誉指数法进行研究。

第二种衡量社会责任信息的方法是指数法。在社会责任信息披露的研究中,指数法得到了广泛的应用。企业社会责任信息披露指数确定过程如下:首先,把公司所披露的企业社会责任信息分为大类;其次,确定这些大类所包括的小类别,把每个小类分为定性描述和定量描述两种情况,并对定性描述和定量描述进行赋值;最后对不同小类的得分进行汇总,总分就是一个公司的社会责任信息披露得分[①]。Booth、Moores 和 Mcnamara(1987)研究发现在这些衡量社会责任信息披露的方法中,指数法是比较准确的一种方法。指数法的优点是把大类分为具体的小类,更利于衡量公司社会责任信息的披露,但指数法的缺点是要给定性披露和定量披露赋值,这个赋值就比较具有主观性。在我们国家采用这种方法的人相对来说比较少,汤亚丽(2006)曾经使用过此种方法。国外使用此种方法的人有 Singh 和 Ahuja(1981)、Richardson 和 Welker(2001)、Haniffa 和 Cooke(2005)。

第三种衡量公司社会责任信息的方法是内容分析法。内容分析法是指通过对公司已经公开的各类文件或报告进行分析,事先要对分析的内容进行分类,并给每一个类别赋予分值或数值,然后得出对公司社会责任信息的评价,将每个项目的数值进行加总,就是最后公司社会责任信息的分数。内容分析法得到了广泛的应用,主要原因是企业在披露社会责任信息时主要是定性披露,这种方法可以把定性信息进行量化,在量化的基础上进行进一步的分析。Abbott 和 Monsen 把内容分析法定义为:"内容分析法是一种用于收集数据的技术,这类数据包括以奇闻逸事和文学等形式记载的定性信息,然后将数据分类以推算出反映不同复杂程度的定量指标"。内容分析法的优点在于,首先,内容分析法比较适合进行大样本的研究。其次,确定了具体要分析的项目,内容分析法的衡量较为客观,当然,内容分析法的不足之处在于,对要分析的内容进行分类时较为主观,主要是根据公司在文件或报告中的表述进行分析,但却不知道企业在这方面的实际管理水平。在研究社会责任信息披露的早期,学者们大多采用的是 Beresford 使用的技术。Beresford 分别在 1973 年、1975 年、1976 年发表文章完善了内容分析法,此种方法被广泛地应用,如 Foster(1986)、Ingram(1978)就使用此种方法把社会责任信息分为五类,并对信息进行赋值,来研究社会责任信息披露是否会产生股票方面的回报。

---

① 彭华岗.中国企业社会责任信息披露理论与实证研究[D].长春:吉林大学博士论文,2009.

2.3 关于社会责任信息披露影响因素

2.3.1 企业规模、行业、性质对社会责任信息披露的影响

Heledd Jenkins 和 Natalia Yakovleva(2006)认为,规模越大的矿业企业更愿意披露健康、社会、安全、道德及环境绩效等社会责任信息。

Heledd 等人(2006)以世界十大采掘公司为例的研究表明社会责任信息披露的发展并不是单一的趋势,而是呈现复杂化趋势:虽然在披露形式和披露内容上有很大的发展,但不同公司之间却存在较大的差异。

李正(2006)以上海证券交易所 2003 年 的 521 家上市公司为研究样本,实证研究发现,规模越大的上市公司越倾向于披露更多的社会责任信息,而且属于重污染行业的企业会更多地披露社会责任信息,说明社会责任信息的披露与行业相关。

Patten(1991)证明了社会责任信息披露会随着公司规模的增大而增多,并且在高度可见的和政治敏感的行业中社会责任信息披露会更多。

Parsa 和 Kouhy(2008)的研究显示,与大公司相比,伦敦股票交易所创业板中的中小型上市公司同样能充分披露社会责任信息,这说明采用国际会计准则后,英国上市公司社会责任信息披露的质量与数量受规模和财务因素的影响已大大削弱。

Trotman(1981)的研究认为,规模较大的公司其社会责任信息披露水平会更高,系统风险比较高的公司为了减少其系统风险,其社会责任信息披露水平也会较高。

Gray(2001)的研究认为,企业的规模和行业对社会责任信息披露水平具有显著影响。但用时间序列数据进行研究,发现公司特征对社会责任信息披露水平的影响并不稳定。

Foster(1986)的研究认为,在有关公司披露政策差异的研究中,公司规模是研究中显著性最一致的变量:规模较大的公司比规模小的公司受到更多的公众关注,小公司也不需要通过年报或者其他正规渠道与股东沟通企业社会责任信息。

Cowen 等人(1987)以美国上市公司的年报作为研究样本的研究中发现,公司规模对环境、能源、社区参与披露有显著的积极影响。盈利能力、公司所在行业、公司是否存在社会责任委员会与公司社会责任信息披露显著正相关。此外,Leftwich 等人(1981)从代理理论着手进行研究发现,规模较大的公司代理成本较高,需要增加更多的信息披露。

Meek 等人(1995)的研究认为,大公司由于准备信息的成本较低、信息披露所带来的不利竞争代价较低,更倾向于披露信息。

Watts 和 Zimmerman 在 1986 年的研究中认为,造成大公司更有动力披露较多信息的原因是大公司对政治成本更为敏感。

不同行业的公司受公众关注的程度是不同的,其信息披露水平也会受到影响。如石油化工行业、采掘业等对环境的影响明显要比服务业大,社会公众对它们的关注程度更高,因此,它们更愿意披露社会责任信息。又如社区和慈善事业的捐助信息,对于那些在消费者中曝光率高的行业会产生更大影响。

Julia Clarke 等人(1999)对英国前 100 家公司年报的环境信息披露进行研究发现,在石油、燃气及核行业的公司中,只有一家在年报中没有披露环境信息;10家水电行业公司中只有两家没有披露环境信息;所有两家化工公司和唯一一家矿山公司及所有四家提供建材和服务的公司都披露了环境信息。

Walker 和 Howard (2002)的研究也认为,采掘业公司为了改变采掘业整体公众形象较差的现状、缓解国际和国内行业立法的压力、满足金融部门更加关注该行业的风险和社会责任的需要、防止随时"被吊销营业执照"的危险,会自愿披露更多的社会责任信息。

Cormier 和 Magnan(1999)对加拿大 1986～1993 年 212 个样本公司的环境信息披露影响因素进行研究,发现行业对环境信息披露有显著的影响。

Dierkes 和 Coppock(1978)[①]、Trotman 和 Bradley(1981)[②]等人的实证研究也发现,大公司更愿意披露环境信息。

Hogner(1982)最早分析了美国钢铁行业上市公司如何通过年报证明自身的合法性,统计表明社会责任信息披露是对社会期望与压力的有效反应。

[①] M. Dierkes, R. Coppock. Europe Tries the Corporate Social Report[J]. *Business and Society Review*, 1978,16:21-24.

[②] K. T. Trotman, G. W. Bradley. Associations Between Social Responsibility Disclosure and Characteristics of Companies[J]. *Accounting, Organizations and Society*,1981,6(4):355-362.

Brammer 和 Pavelin(2008)的统计则表明只有那些重度污染行业的社会责任信息的披露具有相关性,且相关性的正负还缺少一致性。

沈洪涛(2007)选取了石化塑胶业的 A 股上市公司进行实证分析,通过研究发现,企业规模越大,披露公司社会责任信息就越多。

Cullen,L. 和 Christopher,T(2002)研究认为,公司的所有权性质对其社会责任信息披露具有显著影响。

Nazhi 和 Ghazali(2007)以马来西亚上市公司为研究样本,通过实证检验了所有权结构与社会责任信息披露是否存在相关关系,结果发现政府持股比例与公司的社会责任信息披露存在正向的相关关系。

李立清(2006)对湖南省 293 家企业进行研究发现,行业、规模和所有权性质对社会责任的履行具有显著影响。

沈洪涛(2009)对 2003～2006 年石化塑胶业 A 股上市公司的社会责任信息披露进行了实证研究,认为控股股东属于国有性质的企业,其社会责任信息披露水平相对较高。

刘冬荣(2009)等人将 2007 年以前在上海证券交易所上市的 115 家公司作为样本研究,以托宾 Q 值为企业价值与社会责任信息披露指数相互作为解释变量和被解释变量进行回归分析,结果发现中国上市公司社会责任信息披露指数情况与企业价值之间没有明显的相关关系。

马连福、赵颖(2007)以深圳证券交易所上市公司为样本,借鉴国外的研究方法,对上市公司社会责任信息披露程度及其影响因素进行了实证研究,发现中国上市公司社会责任信息披露的总体状况较差,公司绩效、行业属性及规模是影响中国上市公司社会责任信息披露的重要因素。

沈洪涛(2006)等人选取 1999～2003 年中国上市公司制造业中的石化行业为样本,对上市公司社会责任信息的披露现状进行了描述性研究,发现公司规模和盈利能力与公司社会责任信息披露存在显著差异。

2.3.2　公司治理结构对社会责任信息披露的影响

Cullen 和 Christophe(2002)研究认为,公司治理结构和所有权性质对企业的社会责任信息披露具有显著影响。

Adam(2002)对德国和英国的制药和化工这两个行业中的 7 个跨国公司进行了调研,结果发现,公司治理结构是影响公司发布社会责任报告的一个重要因素。

Roberts(1992)通过实证研究发现,社会责任信息披露与外部董事比例具有显著的正相关关系。

Forker(1992)认为,董事长与总经理两职合一与社会责任信息披露水平呈负相关关系,而独立董事比例越高,社会责任信息披露质量就越高。代理理论认为,当总经理与董事长两职合一时,由于缺少必要的监控,总经理倾向于对外隐瞒不利的信息,从而降低披露水平。Forker进一步分析发现,设置审计委员会,在董事会中存在独立非执行董事,与信息披露质量存在正相关关系,但相关性不显著。

Haskins(2000)对欧美和亚洲国家信息披露水平进行了对比分析,发现欧美公司股权分散,股东对信息要求高,公司自愿披露程度就高;而亚洲公司股权相对集中,大股东控制公司的经营管理,掌握相关信息比较容易,公司自愿信息披露较低。

Simon 等人(2001)以香港上市的家族企业作为样本进行研究,发现自愿披露程度与审计委员会的存在呈显著的正相关,与董事会中家族成员的比例呈显著的负相关。

Eng&Mark(2003)以新加坡交易所的 158 家上市公司为样本进行研究,发现上市公司自愿性披露程度与管理层持股比例、外部独立董事比例显著负相关,与政府持股比例显著正相关。

Nesshe 和 Mirza(1991)指出,公司社会责任信息披露本身就是代理问题的一个体现,管理层有通过强调社会责任逃避股东对其信托责任的倾向。Adam(2002)通过对英德两国 7 个重度污染行业跨国公司的调研发现公司治理结构对社会责任报告的发布具有解释能力。Haniffa 和 Cook(2005)通过实证研究发现完善的公司治理对环境信息披露有正面的促进作用。

Bhagat 和 Bleak(1999)认为外部董事应细分为有业务往来或其他社会关联的灰色董事和无业务往来或社会关联的独立董事。前者因利益关联,导致参与监督信息披露的动力不足,后者往往社会兼职过多过滥,投入时间精力有限,对管理层存在信息依赖。且管理层可以通过其聘任与酬劳的影响来限制其权利。相反地,内部董事因持股比例较高,故有较充分的动机推动公司履行社会责任,以维护自身长期利益。

Monk 和 Minow(2004)研究认为董事会规模较大时,有利于容纳不同领域的专家,集思广益做出高品质决策。此外,扩大董事会规模还可以降低控制股东在董事席位中的比率,钳制其利益掠夺行为。Vafeas(2000)认为董事会规模过大时,组织内部不易整合矛盾,故董事会规模与团队决策效率呈负相关关系。

Fama 和 Jensen(1983)曾指出内部董事在做决策时较会考虑部门自身利益，在重大决策上难以确保客观立场。而外部董事不实际参与具体公司业务，相较于内部董事更适合扮演监督管理者和绩效考评的角色，在协调利益相关者之间的关系时尤其如此。

Haniffa(2005)的研究则发现非执行董事的比例和外国股东持股的比例与马来西亚上市公司年报中的社会责任信息披露显著正相关。

Nada 和 Andrew(2007)认为董事长同时兼任总经理时，能以超越部门利益的观点去审视带有社会全局性的问题，及时披露相关资讯对社会压力做出响应，致力于追求长期而不是短期的公司绩效。

Sora(2004)则指出，董事长的使命是带领董事会做好监督及决策工作，兼任总经理意味着同时扮演决策执行者和决策监督者的角色，势必削弱董事会降低代理成本的作用。

Nazh 和 Ghazali(2007)发现马来西亚上市公司内部董事持股比例与公司披露社会责任信息的数量成负相关关系，但政府持股比例与公司社会责任信息披露呈正相关关系。董事持股比例较高时更关注公司经营绩效而非社会问题，对控制股东掠夺小股东或管理层牺牲社会利益相关者图利大股东的行为缺少监督动力。

马连福、赵颖(2007)通过实证分析，认为董事长与总经理是否两职合一、独立董事比例和企业的社会责任信息披露并不具有显著的相关关系。

沈洪涛(2007)对 2003～2006 年对石化塑胶业 A 股公司的社会责任信息披露进行了实证研究，认为董事会规模、独立董事比例、监事会人数对社会责任信息披露水平具有显著的影响。

钟田丽(2005)以 2002 年 120 家上市公司为样本，实证检验了独立董事比例与自愿性信息披露的关系。研究认为，独立董事比例越高，自愿性信息披露质量就越高。

2.3.3 公司的财务状况对社会责任信息披露的影响

Orlitzky M,Schmidt F. L,Rynes S(2003)认为企业的财务杠杆与公司社会责任信息披露存在负相关关系。

Cormier and Magnan(1999)以 1986～1993 年的加拿大的 212 家公司为研究样本，对影响环保信息披露的因素进行实证检验，结果发现，公司财务状况与环保信息披露质量存在显著的正相关关系。

Bowman(1978)较早地提出财务业绩与社会责任信息披露之间是正相关的关系。Lang and Lundholm (1993)的实证研究结果也证实了以上观点。

Hooghiemstra（2000）的研究发现,社会信息披露会随着公司社会绩效的增加而增加,这意味着公司愿意报告"好消息",不愿意或根本不报告"坏消息",信息披露很大程度上是一种"自我赞美"行为。

Frost(2000)以澳大利亚 60 家采掘业公司为样本,对它们的年报中的环境信息披露情况进行了研究,发现利润较高的公司比利润较低的公司的环境信息披露水平要高。

Preston 等人(1997)提出的"提供资金假说"在一定程度上可以解释为什么财务业绩好的公司更愿意披露社会责任信息。

Idowu(2004)的统计却得出公司当期和前期的盈利状况与信息披露无关的结论,并认为是社会责任信息披露的代理变量选择不同,造成时间序列上这些统计关系的不稳定。

沈洪涛(2007)选取了石化塑胶业的 A 股上市公司进行实证分析,认为我国上市公司自愿披露社会责任信息的水平低,并且盈利能力好的公司披露更多的社会责任信息,再融资需求、财务杠杆对社会责任信息披露不具有显著影响。

李玉萍等(2009)以上海证券交易所的 124 家上市公司为样本,对 124 家上市公司 2008 年公司网站披露的社会责任信息进行了评分,并用内容分析法得出社会责任信息披露指数,并对其影响因素进行了实证分析,结果表明,盈利能力越强的企业更倾向于披露更多的社会责任信息,

李正(2006)以上海证券交易所 2003 年的 521 家上市公司为研究样本,实证研究发现,上市公司的负债比率与社会责任信息披露存在正相关关系。

2.3.4　公众压力对社会责任信息披露的影响

Patten(1992)通过研究发现,公众压力相对于公司的利润来说对社会责任信息披露的影响会更大。

Roberts(1992)通过引入公司政治捐款数量作为利益相关者压力的代理变量,实证研究发现利益相关者外部压力是社会责任信息披露的重要驱动因素。

Muhammad Azizul Islam 和 Craig Deegan(2010)调查了两大跨国公司 Nike 和 Hennes&Mauritz 的社会和环境信息披露,调查负面的媒体关注与积极的社会和环境信息披露的关系。研究发现,大量负面的社会和环境的媒体关注,会使企业产生积极的社会和环境信息披露,这种研究结论非常适合发展中国家的劳动力实践。

Guthrie 和 Parker(1989)以澳大利亚最大公司之一 BHP 公司过去超过 100 年的年报为研究样本,未发现公司社会责任披露趋势与影响公司社会、经济、环境

等重大事件的趋势一致,因此,他们认为合法性并不是社会责任信息披露最重要的解释因素。

20 世纪 80 年代早期美国著名的"乐来多姐妹(Sister of Loertto)修女团"①通过购买通用动力公司的股票,多次提出改变公司产品的提案,虽未获成功,但也给通用动力公司管理层带来了冲击。

Barry H. Spicer(1978) 对道德投资者的研究发现,越来越多的人们认为他们不应该投资于会造成社会危害或者环境污染的公司。

Mc Cabe(2000) 在 1996 年美国一个全国性的消费者调查中发现,将近 80%的受访者表示不会购买在血汗工厂里生产出来的衣服,他们的投资决策会大量地使用企业社会责任信息。

Simon Knox(2005)在研究中指出,最近这些年非政府组织(如 SA8000 国际认证机构)变得越来越强大,他们越来越要求公司更多地解释有关贸易公平、人权、工人权利、环境保护、财务健康及公司治理领域等政策。由于投资者需要更多的社会责任信息,公司为了获得更多的资金,建立良好的投资者关系,这就促使公司披露更多更详细的信息。

Cowen 等人(1987)以美国上市公司的年报作为研究样本的研究中发现,公司规模、盈利能力、公司所在行业、公司是否存在社会责任委员会与公司社会责任信息披露显著正相关。

Neu 和 Warsame(1998)研究显示不同的利益相关者在企业社会责任信息披露方面施加的压力有所不同。机构投资者、保险公司和政府对信息披露决策有较大的影响力。

Cooke(2005) 通过对比挪威、丹麦、美国的同行业公司社会责任信息披露状况,认为文化上的差异导致公司对社会压力反应不同,公司信息披露决策存在国家文化所导致的差异。

Tilt(1994)研究了外部压力集团对澳大利亚公司社会责任信息披露的影响,在接受问卷调查的各企业中,消费者保护组织、环保组织、社区组织等构成了主要的压力集团,它们既是社会责任信息的主要使用者,也是向董事会与管理层施加压

---

① 乐来多姐妹修女团是由 600 个修女组成的罗马天主教修女团。她们想通过投资帮助穷人,她们有自己的投资理念、投资组合和管理团队。20 世纪 80 年代早期,为反对战争和美国的军火生意,她们联合另外三个天主教团体一起购买以军火生产为主的通用动力公司股票,从而获得资格提出提案来影响通用动力公司转向民用产品。摘自乔治·斯蒂纳等著,张志强等译的《企业、政府与社会》,华夏出版社,2002 年。

力的主要利益相关者。

Deegan 和 Tobin(2002)认为环境敏感行业的企业更倾向于在年报中披露社会责任信息,以缓解社会公众对企业的负面评价。迫使公司披露社会责任信息的主要压力来自社区、环保组织和公众媒体,但这些压力集团并不能确保公司一定提供可靠的信息披露。

陈小林、罗飞、袁德利(2010)用 2002～2006 年 2152 家在深交所上市的公司作为研究样本,实证检验了公共压力和社会信任是否与环保信息披露质量存在相关关系。通过研究认为,政府、外资股股东、银行债权人的压力对上市公司的环保信息披露质量具有显著的影响。

王建明(2008)用沪市上市公司作为研究样本,研究认为,行业和环境监管制度压力对环境信息披露具有积极的影响,环境信息披露水平在重污染和非重污染行业之间存在明显差异,外部监管制度对提高环境信息披露水平起到了非常重要的作用。

尹聪(2009)以 2005 年末发生的松花江污染事件和北江镉污染事件为背景,以石油化工业和钢铁冶金业的上市公司为样本,研究上市公司环境信息披露水平和盈余管理水平的变化程度,并对两者是否存在相关关系进行研究,研究发现,在松花江污染事件和北江镉污染事件发生后,相关重污染行业上市公司存在调减利润的行为,并且环境信息披露程度也有所增加,表明在公共压力下,环境信息披露水平有所提高,钢铁冶金行业的上市公司为了应对公共压力,增加环境信息披露。

李诗田(2009)认为给予企业合法性压力越大,其社会责任信息披露水平就越高。从形式上看,制度引导、客户导向类型与社会责任信息披露水平有显著的相关关系。从实质上看,社会责任行业敏感性、媒体关注指数与社会责任信息披露水平有显著的相关关系。

2.4　关于社会责任信息披露的经济后果

Ingram(1978)最早研究了这一问题,他以美国财富 500 强公司作为样本,得出投资组合的年收益率与货币化社会责任信息的披露正相关的结论。

林恩·佩因(2004)通过对两家公司进行对比,结果发现,勇于承担伦理责任的公司比不勇于承担伦理责任的公司获得的经济优势更大。

伊恩·沃辛顿和克里斯·布里顿(2005)研究发现,很多企业把履行社会责任作为企业战略的一个重要部分,而履行社会责任的企业,其收益最终超过成本。公司的社会责任能够提高企业的竞争优势,并且其已经成为企业战略管理的一个非常重要的组成部分。

菲利普·科特勒[①](2006)认为,企业的社会活动是为支持社会公益而采取的活动,以便实现其对社会责任的承诺。而且这些活动最终会给企业带来竞争优势。

Anderson和Frankle(1980)研究认为,自愿披露社会信息对资本市场具有显著影响,市场对社会信息具有正的反应,具有信息含量。

Ruf B. M.、Muralidhar K.、Brown R. M.、Janney J. J.和Paul K.(2001)通过实证研究检验了社会责任信息披露是否与财务绩效存在相关关系。结果发现,社会责任信息披露除了与当期财务绩效呈正相关关系,还会对公司以后年度财务绩效有显著的正的影响,公司社会责任信息披露可以对短期的财务绩效产生影响,而且对企业的长期绩效也会产生影响。

Deegan、Rankin和Tobin(2002)的研究表明披露好的社会责任信息的上市公司并没有获得显著的超额收益,披露社会责任坏消息的上市公司则获得滞后的超额收益,这证明市场对相关信息的反应有时滞性。

Power和Gray(2006)的统计却否定了此前学者有关股票回报与社会责任信息披露之间存在正相关关系的研究。他们的统计显示伦敦交易所的上市公司在披露社会责任信息之后获取了超额收益,但市场对社会责任信息反应的速度要明显慢于对财务信息的反应。

Freedmam和Stagliano(1991)指出披露社会责任信息可以降低市场对公司股票组合的风险评价,即股票市场对社会责任披露的信息含量具有正面反应。

卢代富(2003)以经济学和法学为出发点,研究发现承担多元企业社会责任将在长期内增强企业的竞争力,实现企业可持续发展并总结了其内在实现机制。

姚海鑫等(2007)以沪深两市2005年上市公司为研究样本,运用多元回归的实证分析方法,研究了企业社会责任与股东财富的关系,研究发现,企业履行社会责任,一方面满足了利益相关者的利益需求,另一方面有利于增加股东财富,并能够实现"股东财富最大化"。

---

① 菲利普·科特勒.企业的社会责任:通过公益事业拓展更多的商业机会[M].北京:机械工业出版社,2006.

　　陈玉清和马丽丽(2005)研究认为,从总体上看,上市公司社会责任贡献信息的披露与股价的相关性并不存在显著的相关关系。

　　沈洪涛、杨熠(2008)以 1999～2004 年的石化塑胶业 A 股上市公司为样本,研究社会责任信息披露是否会引起股票价格变动。结果表明,社会责任信息披露具有价值相关性,社会责任信息披露的数量、质量与股票收益率之间显著正相关;社会责任信息对公司价值的影响出现在 2002 年,从此开始社会责任信息具有价值相关性。

　　李正(2007)通过研究认为企业社会责任信息披露与当期的企业价值存在负相关关系。

　　刘长翠(2006)研究了一年一股市场对公司年报中的社会责任信息的反应,检验发现公告日后一个月内平均股价与之并不显著相关。

　　张川等(2009)以 76 家国有企业作为研究样本,通过对企业社会责任和企业的财务绩效联立方程组,研究两者的关系,通过研究认为,社会责任对企业的市场占有力、财务绩效都有积极的促进作用,承担社会责任比较多的企业,其市场占有能力、净资产收益率、销售利润率都比较高,为鼓励国有企业积极履行社会责任提供了依据。

　　李红玉(2010)通过建立对社会责任信息披露的总体效应模型进行了实证分析,结果表明,社会责任信息披露水平有利于缓解外部压力。

　　Sen S.、Bhattacharya C. B. 和 Korschun D.(2006)研究表明,企业履行社会责任不仅可以给企业带来交易方面的利益,同时还带来长期的相关利益,如员工和顾客的忠诚与利益相关者的支持。

　　也有人认为社会责任信息披露水平与企业价值不具有相关性,如龚明晓(2007)研究发现,社会责任信息质量低下,决策价值低,社会责任信息与决策价值不具有相关性,社会责任信息与股票的超额收益率没有显著的相关关系。

　　刘冬荣等(2009)以上海证券交易所的 115 家上市公司作为研究对象,这些公司都是在 2007 年前上市的,研究认为,我国上市公司社会责任信息披露水平与企业的价值没有相关性。

2.5 现有文献评述

本书从社会责任信息的内容、计量方法、影响因素以及社会责任信息披露的经济后果进行了文献的梳理,通过对上述研究成果的综述,接下来将对上述研究成果进行评述。

第一,从社会责任信息披露的内容可以看出,由于不同国家的研究者所处的文化背景以及对社会责任的认识有所差异,进而对社会责任信息内容的分类有所不同,但大体上都包括环境信息、人力资源信息、社会参与信息、产品信息。

也有少部分的学者提及了关于消费者等利益相关者的问题。但经过梳理文献发现,中外研究者所界定的社会责任信息披露内容当中都不包括股东,他们认为,企业所履行的社会责任是为股东以外的利益相关者负有的责任,企业作为经济人,其目标是实现股东财富最大化,企业社会责任是在实现股东财富最大化之外,为其他利益相关者所履行的责任,所以在界定社会责任信息披露内容时,没有把股东包括在内,但本书认为,既然企业是经济人,其目标是实现股东财富最大化,那么对股东负责是企业应该履行的最基本的责任,除了经济责任,还负有社会责任,如企业发生重大污染事件时,及时地披露有关环境污染的信息不仅是对其他利益相关者负责,还是对股东负责,以便他们进行正确的决策。因此,本书对社会责任信息内容进行分类时,结合国外的研究成果以及我国的实际情况,将社会责任报告中的社会责任信息披露的内容分为五大类:环境保护、人力资源的开发和使用情况、产品或服务的性能与安全、对社会的贡献和利益相关者的责任。其中利益相关者就包括股东、客户、供应商、债权人、政府等。

第二,从社会责任信息的计量方法可以看出,社会责任信息的计量一直是困扰学术界的一个难题,对社会责任信息的计量是进行社会责任信息披露研究的前提,社会责任信息有很多是非货币化信息,因此就需要对这些非货币化信息进行计量,所以计量是一个比较困难的问题,上述介绍的三种研究方法,声誉指数法比较适合小样本的研究,而且还需要专家进行打分,主观性比较强;指数法在我国的应用比较少,这种方法首先要对社会责任信息进行大类的划分,再把每个大类划分为具体的小类,这个过程就比较主观,国内有些研究者也是参考国外的划分,对我国的社会责任信息进行划分,但国外的情况毕竟与我国的实际情况有差别,因此直接引用国外研究者的划分,对我国社会责任信息披露水平的衡量有失准确。内容分析法虽然也有一些缺点,但比较适合大样本的研究,考虑到我国社会责任信息披露的实际情况,本书采用内容分析法,但在内容分析法的基础上,再进行一定的改进。

第三,从社会责任信息披露的影响因素可以看出,通过对上述文献的梳理,发现社会责任信息披露影响因素主要从公司特征、公司治理结构、财务状况、公众压力四个方面进行分析的,公司特征是影响社会责任信息披露的因素,但这些特征对社会责任信息披露的影响是表面层次上的,并没有揭示隐藏在公司特征背后的实质问题,大多数研究只是停留在公司特征这个研究层面。只有李诗田(2009)认为行业属性属于合法性压力的范畴。本书也认同这一观点,在本书中,公司特征中的行业属性是属于合法性压力的一个替代变量。在我国,研究公司治理结构对社会责任信息披露是否具有影响的研究还不多,因此本书也尝试通过引入公司治理结构变量,考察其是否对我国社会责任信息披露有显著影响。对于公司财务状况与企业的社会责任信息披露关系的研究中,大多数研究者都考察了盈利能力和财务杠杆对社会责任信息披露的影响,但很少有考虑公司的盈利能力是否与社会责任信息披露是相互作用的,因此本书在研究中将考察公司的盈利能力与社会责任信息披露是否具有交互作用。而研究公众压力对社会责任信息披露的影响时,大多数研究只考虑了公众压力对上市公司社会责任信息披露的影响,只有陈小林等(2010)把政府的压力作为公共压力的一个替代变量来研究,而且是研究对环境信息披露的影响,李诗田(2009)考虑了合法性压力对社会责任信息披露的影响,而考虑政府的干预、制度的压力的研究较少,所以本书将要对合法性压力、政府干预、制度压力对社会责任信息披露的影响进行研究。

第四,从社会责任信息披露的经济后果可以看出,通过对文献的梳理,大都是研究了社会责任信息披露与资本市场、竞争优势、股东财富、企业价值、公司财务绩效、外部压力是否可以缓解的关系,但这些研究中,没有考虑社会责任信息披露与企业社会绩效的关系,也就是企业披露社会责任信息后对企业的社会绩效产生什么样的影响。因此,基于这点考虑,本书除了研究社会责任信息披露与财务绩效的关系外,还研究与社会绩效的关系。

因此,本书通过对现有文献的梳理,对上述研究不足的地方进行改进,对社会责任信息进行分类,在内容分析法的基础上,建立社会责任信息披露指数,研究外部压力(合法性压力、政府干预、制度压力)、公司绩效(财务绩效、社会绩效)对社会责任信息披露的影响。

第3章 社会责任信息披露的
理论分析

    本章首先对书中将要涉及的概念进行界定,然后将用合法性理论、公共压力理论、可持续发展理论以及企业伦理理论来解释外部压力和公司绩效对社会责任信息披露的影响。

3.1　相关概念的界定

3.1.1　合法性

    合法性的最初含义是指合法的国王或女王有权即位是由于他们的"合法"出身。"合法"从字面意思理解是指"符合法律",是社会公众对整个社会规则的遵守。另一种是普遍意义,"合法"即"具有正当性",是人们对社会存在的认同,卢梭在《社会契约论》中使用后,合法性就成为政治学的一个概念,得到了广泛应用。马克斯·韦伯是真正提出合法性概念的人。他认为"合法性就是人们对享有权威的人的地位的承认和对其命令的服从"。哈贝马斯对纯粹经验主义的研究方法进行了反思,深化了学术界对后现代社会合法性问题的认识。他认为"合法性就是承认一个政治制度的尊严性",实际上就是强调这种制度和人们对制度的认可必须与真理相联系,否则仍然是一种"非法统治"。

    把"合法性"引入企业、组织研究中的是 Parson(1960)、Suchman(1995)等人。合法性是指在特定的信念、规范和价值观等社会化建构的系统内部,对行动是否合乎期望的恰当的一般认识和假定(Parson,1960)。Suchman 对企业合法性给出了一个比较权威的定义,他认为企业"合法性"是指在一个由社会构建的规范、价值、信念和定义的体系中,企业的行为被认为是可取的、恰当的、合适的、一般性的感知和假定(Suchman,1995)。

本书根据上述等学者的定义,把企业合法性定义为:在特定的信念、规范和价值观等社会化建构的系统内部,组织行为与利益相关者期望之间是相称的、适当的,即利益相关者对企业的认同。利益相关者对企业的认同是根据企业应当承担的社会责任来判断的,企业应当承担的社会责任实际上是利益相关者对企业承担社会责任的期望,因此,本书把利益相关者对企业承担社会责任的认可和认同程度,企业履行社会责任是否符合利益相关者的期望程度,定义为合法性压力。

3.1.2　企业的社会责任

20 世纪 70 年代,Friedman 认为企业在遵纪守法和道德标准的前提下,创造更多的利润是企业唯一的社会责任。阿齐·卡罗尔(2004)把企业的社会责任定义为某一特定时期社会对组织所寄托的经济、法律、伦理和慈善的期望。经济责任和法律责任比较好理解,在这里不做过多的阐述,伦理责任主要包括那些为社会成员所期望或禁止的、尚未形成法律条文的活动和做法。慈善责任主要是自愿的、非强制的,包括企业捐赠、赠送产品和服务、义务工作、与当地政府和其他组织的合作,以及企业及员工自愿参与社区或其他利益相关者的活动。但是随着经济的发展和社会的进步,学者们逐步认识到企业在创造利润的同时,会产生对利益相关者的责任,如对员工、社会公众、债权人、供应商等的责任,因此,Jensen(2002)认为企业的社会责任是由于企业经营活动而形成的对利益相关者的责任。

在美国,企业要设立和经营必须经过州政府许可,同样,政府也有权解散企业,因此,企业不能仅仅对股东负责,企业在创造财富,追求利润最大化的同时,还要承担对政府、员工、社区、消费者和环境的社会责任。2002 年,欧盟曾进行过对企业社会责任的讨论,提出了欧盟公司社会责任发展战略,即《关于公司社会责任:企业对可持续发展的贡献》的报告,报告认为首先企业的社会责任是在遵守法律的基础上的自愿行为;其次,企业的社会责任要与可持续发展联系在一起;要求企业的发展与社会、环境联系在一起。最后,企业的社会责任并不是企业经营活动的附加品,而应该作为经营活动的一部分进行管理。欧盟的观点,从两个方面对社会责任概念进行了发展,一方面认为社会责任要与可持续发展联系在一起,另一方面将社会责任与利益相关者联系在一起。世界银行将社会责任定义为:"公司社会责任是企业与关键利益相关者的关系、价值观、遵纪守法以及尊重人、社区和环境有关的政策和实践的集合,它是企业为改善利益相关者的生活质量而贡献于可持续发展的一种承诺"。

从上述定义可以看出,社会责任都是从利益相关者角度来定义的。而从这个角度定义社会责任也是非常准确的,根据上述学者和机构的研究,本书对社会责任的定义是:社会责任是企业在遵守法律和道德标准的前提下,追求自身经济利益的同时而产生的对利益相关者的责任,企业社会责任的本质是道德责任。

3.1.3 社会责任信息披露

社会责任信息披露的含义是指企业社会责任信息披露的水平。社会责任信息披露水平实际上指的是社会责任信息的披露要及时、客观、准确、透明、完整。及时主要指企业要把有关企业承担社会责任的信息在发生时就传递给利益相关者。客观、准确、透明指的是不要隐瞒事件的真相,要把有关承担社会责任的信息真实、不打折扣地传递给利益相关者,以便利益相关者做出正确的决策。而完整主要指企业披露的社会责任信息除了要进行定性披露,还要进行定量披露,同时不能进行选择性披露。本书的社会责任信息披露指的是社会责任信息披露水平。社会责任信息披露主要是对企业实际履行社会责任信息的传递,以便利益相关者能够做出正确的判断。所以对社会责任信息披露的研究就显得很有必要。

3.1.4 公司绩效

本书中的“公司绩效”是指企业在其日常经营管理中,因积极主动承担社会责任的实践,给企业带来盈利能力的提高、形成的市场竞争优势以及公众形象的提升。具体表现在短期效益(优势)和长期效益(优势)两个方面。公司绩效分为公司的社会绩效和财务绩效,公司绩效从狭义上讲,通常指企业的运营能力和盈利能力,从广义上来讲,不仅包括企业的盈利能力、投资的回报、可持续发展能力以及获得的来自利益相关者的认同感、赞誉度,形成了企业的无形资产。吴翊民(2009)“对于企业绩效较为全面的概括是:‘绩’主要代表企业自身发展的结果和业绩,而‘效’则主要代表企业发展给企业、公众和社会产生的效用和意义,前者侧重于反映企业发展的事实状态,后者侧重于反映企业发展的价值状态,两者和谐共存,全面反映企业发展的成果、状态和前景”。本书研究的公司绩效主要包括社会绩效和公司的财务绩效。

3.1.4.1 社会绩效

社会绩效是社会责任研究领域一个非常重要的概念。目前在理论研究和实证研究中都有了很大的进展,社会绩效主要指外部利益相关者对企业社会问题的处理以及是否承担社会责任这两个方面对企业进行的评价。社会绩效有广义和狭义之分,狭义的社会绩效主要指企业在社会责任方面做了什么,做得怎么样,结果怎么样,侧重于企业社会责任的外部评价。一般从利益相关者的角度进行评估。广义的社会绩效主要研究"企业与社会",是一个系统的研究框架。Carroll(1979)最早提出了企业社会绩效的理论框架,他把企业社会绩效分为"企业社会责任""社会问题管理"和"公司社会回应"三个层次,但并没有明确解释什么是企业社会绩效。Wartick 和 Cochran(1985)明确提出了企业社会绩效的定义。此后,Wood 认为"社会绩效可以理解为企业社会责任研究的新的框架。它由社会责任原则、社会响应过程、可观测到的结果三者构成"(Wood,1991)。社会绩效的研究反映了企业社会责任的三个方面,即为什么—是什么—怎么样,也就是社会责任原则、社会责任响应、观测结果,本书的社会绩效主要是指狭义的概念。社会绩效的衡量也主要是从狭义的角度来进行论述的。企业的社会绩效是企业社会责任行为导致的结果,也就是企业承担和履行社会责任的结果的体现。使用狭义的概念,对社会责任社会绩效的评价会更容易些。

企业承担社会责任并及时地披露社会责任信息,给社会传递了企业是具有社会责任感的,这样不仅提升了企业的知名度,给企业的产品做了免费的宣传,而且向社会表明了企业的目标和价值观与社会的目标、价值观是一致的。能够在自身发展的同时,考虑整个社会的利益,这样有助于加强利益相关者对企业的认同,提升企业的品牌形象、员工的归属感以及顾客的满意度、忠诚度,使企业博得更广泛的社会赞誉,形成企业的无形资产,为企业的长远发展奠定良好的基础,使企业获得更大的利益,给企业带来巨大的无形价值,给企业带来了间接的利益,即社会绩效。

3.1.4.2 财务绩效

关于财务绩效的概念通常界定为公司财务上的水平的改善。企业财务绩效可以是企业财务指标的改善,比如可以用 ROE、ROA 或托宾 Q 等财务指标的变化来表示;还可以用如股价和证券收益率等市场指标来反映公司在资本市场的表现。本书中的财务绩效主要是指企业由于履行社会责任而带来的财务效益上的回报,财务指标得到改善。

本书之所以研究社会责任信息披露与公司的财务绩效的关系,目的在于试图找到公司的社会责任信息披露行为会给企业带来一种什么样的后果。如果企业勇于承担社会责任并及时地披露社会责任信息,会增加企业财务绩效的话,那么企业就会更加有动力地履行社会责任并及时披露社会责任信息。而从长远来讲,企业履行社会责任并及时地披露社会责任信息,这样会增加企业的财务绩效,企业看到履行社会责任的好处,就会更加积极地履行社会责任披露社会责任信息。从逻辑上推理,如果企业勇于承担社会责任并及时披露社会责任信息,会向市场传达一种好信息。企业在发展的同时,考虑了各利益相关者的利益,并不是只顾自身的发展和自身财富的增加,企业要想在发展中立于不败之地,除了增加自身的财富,注重自身发展的同时,还要考虑各利益相关者的利益,只有兼顾了各利益相关者的利益,那么对勇于承担社会责任并及时披露社会责任信息的企业产生一种好的感性认识,这种认识便会激发各利益相关者做出对企业有利的行为,如顾客的购买行为、投资者的投资行为、员工的忠诚度、供应商的供应、政府的支持等,该企业就会比其竞争对手得到更多的支持,相应的市场占有能力就会提高,就会增加企业的财富。

3.2 外部压力对社会责任信息披露的影响分析

对于外部压力对企业社会责任信息披露的影响,本节将用合法性理论、公共压力理论来进行解释。

在西方,用来解释企业社会责任信息披露的理论中,合法性理论居主导地位。合法性理论认为,企业披露社会责任信息的行为实际上是其缓解外部压力的一种手段,合法性理论是以"社会契约"的概念为基础的。企业在经营的过程中,是要与外部环境紧密地联系在一起。企业并不是孤立存在的,而是通过一系列的社会契约,把企业和社会紧密地联系在一起,使企业嵌入社会环境里。而企业的行为要符合利益相关者的预期,否则就会面临来自利益相关者的压力。因此企业为了维护其合法性,会努力使其行为符合利益相关者的期望。

合法性压力可能是因为企业没有和其利益相关者进行很好的沟通,企业就会面临来自利益相关者的压力,而有的企业在社会责任方面已经做出了努力,但没有和利益相关者进行及时的沟通,也会面临合法性的威胁。而社会责任信息披露可以修复来自利益相关者的威胁,以维持其合法性。当企业的社会责任行为与利益相关者的期望不一致时或者严重威胁到企业的生存时,企业会通过增加社会责任信息披露来表明企业在做正确的事,以获得合法性。

企业与利益相关者通过社会契约联系在一起,企业为了维护自身的合法性,通常会增加社会责任信息披露。通常认为,由于企业受公众的关注程度不同和企业的责任不同,公众可见度高的企业,如规模大的企业。同时企业所属行业也会影响公众可见度,公众对重污染行业比非污染行业的要求高,可见度也高,因此面临的合法性压力就大,就会通过增加社会责任信息披露来增加其合法性。一般来讲,企业面临的合法性压力越大,就会更加需要披露社会责任信息,以维护其合法性。

公共压力理论从另一个角度解释了外部压力对社会责任信息披露的影响。Cho 等(2007)研究认为,公共压力通常是来自政治团体、社区压力、公众、管制机构等群体的担忧和关注,并通过对环境信息披露的合法性理论的研究,认为年报中披露的环境信息,是企业在政治或社会环境中所面临公共压力的一个函数。Walden 等(1997)把公共压力总结为由三个环境所组成,即文化环境、法律环境、政治环境。文化环境是由公众的态度、价值观构成的;法律环境是法律、法规、制度构成的;政治环境来自政府的管理。可以把上述两个学者提到的压力终结为三种压力,即第一是政府施加的压力,即政府的干预,通常是对企业履行社会责任并披露社会责任信息的干预实现的;第二是公众的压力,主要是通过媒体和社会公众的舆论和市场行为实现;第三是法律规章制度的压力,主要是通过法律、法规和制度的形式实现的。通常认为,企业进行社会责任信息披露是由于面临这些外部压力的结果。公共压力是由于利益相关者对企业的不满意而产生的(Walden 和 Schwartz,1997),通常企业为了缓解来自外部的压力,会增加社会责任信息披露,对公共压力做出反应,以维持其与利益相关者的良好关系,避免陷入利益相关者的抵制、政府监管、法律规章制度的处罚,并且树立企业良好的社会形象。

无论是合法性理论还是公共压力理论,都是说企业为应对外部压力,而需要披露社会责任信息;企业为了维护其合法性,得到利益相关者的认可,而披露社会责任信息;企业为了缓解外部压力,会增加社会责任信息披露。

3.3　公司绩效与社会责任信息披露的分析

现代企业怎样处理与"利益相关者"即股东、员工、客户、供应商、政府、社区、自然环境的关系是现实的企业伦理问题。目前,企业的伦理道德问题,引起了整个国际社会的关注。已经不再把企业单纯地作为创造财富的工具,还必须对利益相关者负责。因此,随着经济的发展,出现的一系列社会问题,这使得人们不得不去思考隐藏在这些现象背后的理论。对于公司绩效对社会责任信息披露的影响,本书将用企业伦理理论、可持续发展理论进行解释。

企业伦理和企业的社会责任是密不可分的。企业的社会责任的本质是道德责任,企业要进行生产经营活动,赚取利润,这是企业的经济责任,而企业在正常的经营活动中要遵守国家的法律法规制度,这是企业的法律责任,而很多企业目前忽视的是道德责任,实际上企业社会责任除了经济责任和法律责任外,还有企业的道德责任,而社会责任主要还是针对道德责任而言的。

企业的伦理责任和社会责任的内容是一致的。企业伦理理论要求企业要尊重人,而尊重人正是企业履行社会责任并及时披露信息的一个体现。尊重人主要体现在企业要尊重员工、客户、供应商、社区群体以及与周围的环境协调发展,也就是积极地履行社会责任并披露社会信息,这就是对利益相关者的尊重。而尊重人不仅可以使企业与利益相关者友好地相处,还会得到利益相关者的回报,而这种回报不仅仅是经济效益,还包括社会效益。不仅可以给企业带来财务绩效,还可以带来社会绩效的提升。而财务绩效和社会绩效的提升,会促使企业履行社会责任、披露社会责任信息,增加与利益相关者的信息透明度,因此与利益相关者会形成良好的合作关系。

企业伦理要求企业诚实守信,企业的诚实守信是企业经营的灵魂,也是企业处于不败之地的法宝,创立于1669年的北京同仁堂给人们这样的启示:仁者无敌,诚信常青。企业的诚信品质要求企业要具有良好的道德,提供高质量的产品以及优质的服务。只有具备这些,企业才能赢得良好的信誉,企业要诚实是说要对利益相关者诚实,要诚实地履行社会责任,诚实地披露社会责任信息,如要对产品的质量负责,不生产假冒伪劣商品,注重产品的安全性,提供优质的服务,真正做到维护股东利益,对员工诚实不欺,恪守信用,做到以人为本,重视员工培训;处理好与社区的关系、诚信纳税等;而守信是企业本身恪守信用,讲究信用,这样就会树立良好的企业形象,提高企业的知名度,让社会公众信服。得到社会公众的认可,会提升企业的社会形象,提高利益相关者对企业的评价,进而提高企业的社会绩效。而企业社会绩效的提升,会更加促使企业对利益相关者的诚实守信,会更加积极地履行社会责任并诚实地披露社会责任信息。

企业的伦理观念要求企业在处理与社会的利益相关者的关系时,要更多地从利益相关者的角度出发,在赚取利润的同时,不损害利益相关者的利益。企业的伦理理论并不是要求企业放弃追求利润,而是要求企业达到义利统一,实现企业道德与利益的最佳结合。在企业重视伦理的情况下,企业的社会形象会提高,得到社会公众的认可,这样也会给企业带来经济利益的回报。比如,在披露对环境造成污染的信息时,会更多地从利益相关者的角度出发,如考虑会给利益相关者造成什么样的损失,尽量把损失减少到最小,而不是从企业自身的角度出发,如怕披露环境污染信息后,对企业造成不好的印象等。只有从利益相关者的角度出发,才能使企业注重和利益相关者的关系,提高信息透明度,提高利益相关者对企业的信任,这样就会得到利益相关者的支持,必然提高企业的竞争力,提高企业的财务绩效。企业要想在长期的竞争中取胜,就要注重伦理道德,使企业的行为符合道德规范,这样会给企业带来长期的效益。而企业财务绩效的提升,让企业看到了企业在遵守伦理道德的情况下,积极履行社会责任披露社会责任信息给企业带来了好处,进而会更加积极地履行社会责任并披露社会责任信息。

而企业的非伦理行为不但损害企业的近期利益,更会断送企业的长远利益,无数事实表明,企业非伦理行为会降低企业的公众形象,造成产品的积压,资金短缺、失去顾客,最终倒闭,断送企业的长远利益。

可持续发展理论是从全球发展的角度提出来的,主要是针对企业单纯追求利润最大化、股东财富最大化的企业目标的批判和发展,进而提出可持续发展的思想。可持续发展的思想是 1980 年首次提出的,由国际自然资源保护联盟起草的。联合国环境与发展大会在 1992 年又进一步拓展了"可持续发展"观念,提出应改变目前的消费和生活方式,与自然和谐共生,不以牺牲后代的生存和发展为代价。全球经济迅速增长,环境污染问题、生态危机越来越严重,这就要求保护整个生态系统的可持续发展,而企业作为整个生态系统的一个组成部分,要在经济财富、社会公平以及环境质量之间寻求平衡。这就将可持续发展的思想扩展到了企业的层面。

企业除了要赚取利润,还要对整个社会负责,企业要做到可持续发展,就要承担社会责任披露社会责任信息,与自然环境、与利益相关者和谐相处,共同发展,通过积极主动地履行社会责任披露社会责任信息来保护环境、满足利益相关者的需求。企业只有切实履行社会责任才能真正实现可持续发展,而企业履行社会责任披露社会责任信息的过程中,利益相关者能够感觉到企业是负责的企业,是对利益相关者负责的,这样得到利益相关者的认可,可以提升企业的社会形象,进而增加企业的社会绩效,而企业形象的提升,又会提高企业的市场份额,刺激消费者的购买行为,提升企业的市场竞争力,增加企业的收益,提高企业的财务绩效,从而实现企业的可持续发展。而企业的社会绩效和财务绩效的提升,又促进企业积极地承担社会责任披露社会责任信息,这样就形成一个良好的循环,促进企业能够可持续发展,而企业的可持续发展是整个社会可持续发展的一个重要组成部分,只有企业实现可持续发展才能使整个社会达到可持续发展,这对企业和社会都是双赢的。

3.4　本章小结

本章首先对书中涉及的概念进行了界定,包括合法性、企业社会责任、社会责任信息披露、公司绩效(社会绩效、财务绩效)等。然后对社会责任信息披露的理论进行阐述,分别阐述了外部压力对社会责任信息披露的影响,这部分是用合法性理论和公共压力理论进行解释的;而对于公司绩效对社会责任信息披露的影响,是用企业伦理理论和可持续发展理论进行解释的,为全书奠定了理论基础。

第 4 章　实证研究设计

通过对第 3 章的理论的分析,本书已经对社会责任信息披露水平是否受到外部压力的影响,也就是社会责任信息披露水平是否受到制度压力的影响,是否受到政府干预的影响,是否受到合法性压力的影响进行了理论分析,同时社会责任信息披露水平是否受到公司绩效的影响,也就是是否受到公司财务绩效和社会绩效的影响进行了理论分析,通过分析,指出社会责任信息披露水平受到制度压力的影响,同时受到政府干预的影响,企业为了提高自身的合法性,也会受到合法性压力的影响。而社会责任信息披露水平也会受到财务绩效和社会绩效的影响,而财务绩效和社会绩效的提高也有助于社会责任信息披露水平的提高。本章计划对研究方法、变量的选择,样本的选取和数据的来源,以及社会责任信息披露水平的度量进行论述,为下面几章实证检验社会责任信息披露水平是否受到外部压力的影响,是否受到公司绩效的影响做好铺垫。

4.1　研究方法的选择

本书采用资本市场的公开数据,首先用 EXCEL 将数据进行初步的分析处理、再运用 EVIEWS5.0 统计软件进行统计分析和处理。

通过对文献的回顾和研究,确定了相关的研究变量,文章拟通过描述性统计、相关分析、多元回归和逻辑回归、二阶段最小二乘法等方法作为实证分析的工具,运用上市公司的数据进行实证分析。描述性统计,就是对样本做初步的统计分析,了解样本公司各个变量的分布情况。而相关分析是对两个变量的关联度进行的分析,多元回归是研究因变量与解释变量的依赖关系。

在接下来的两章中,选用实证研究方法验证社会责任信息披露水平是否受到外部压力和公司绩效的影响。在第5章研究社会责任信息披露水平是否受到外部压力影响的过程中,采用多元回归的方法研究社会责任信息披露水平是否受到制度压力、政府干预、合法性压力的影响,以及是否受到管理者的社会责任态度的影响,同时用逻辑回归的方法验证管理者的社会责任态度是否受到公司社会责任信息披露水平、制度压力、政府干预、合法性压力的影响。

在第6章中,研究社会责任信息披露水平是否受到公司财务绩效和社会绩效影响时,通过联立方程组用二阶段最小二乘法实证检验社会责任信息披露水平是否受到公司财务绩效和社会绩效的影响,以及公司的财务绩效和社会绩效是否受到公司社会责任信息披露水平的影响。

4.2 变量的选择

4.2.1 公司社会责任信息披露指数

本章采用 Foster(1986)在自愿性信息披露研究中常用的内容分析法[①],参照 Ernst & Ernst 以及 Ingram(1978)的分类并结合我国的实际,将样本公司社会责任报告中披露的社会责任信息的内容分为五大类:环境保护、人力资源的开发和使用情况、产品或服务的性能与安全、对社会的贡献和利益相关者的责任。我们给简单的定性披露赋值1、给详细的定性披露赋值1、定量披露赋值1、负面信息的披露赋值1、无披露赋值0,五类信息的权重相同。加总五类信息的分值得出上市公司社会信息披露指数。

4.2.2 合法性压力

本章把利益相关者对企业承担社会责任的认可和认同程度,企业履行社会责任是否符合利益相关者的期望程度,定义为合法性压力。合法性压力这个变量很难直接衡量,合法性压力与利益相关者自身的权利意识有关系,也与企业自身的特性有关系,因此,本章从影响合法性压力的因素入手,寻找合法性压力的替代变量,

---

① Foster,George. *Financial Statement Analysis*. [M]Englewood Cliffs,NJ:Prentice—Hall,1986.

本章用社会信任度这个变量作为合法性压力的一个替代变量,当社会公众对企业的社会信任度越高时,也就是社会公众对企业承担社会责任的期望就越高,企业所面临的压力就越大;同时是否属于重污染行业也是影响合法性压力的一个重要因素,企业如果是重污染行业,其对环境会造成不同程度的影响,利益相关者对企业承担社会责任的期望就高,因此其面临的合法性压力要比非污染行业的压力大,因此本书也把是否属于重污染行业作为合法性压力的一个替代变量。

本书合法性的替代变量社会信任度采用张维迎和柯荣住(2002)的跨省调查研究得出的数据,张维迎和柯荣住(2002)对信任进行了跨省调查研究,研究表明不同区域之间的社会信任度不同。信任度的测度是根据总样本中有多少比例的人认为该地区是最值得信任的,进而得出一个地区被认为是最值得信任也即被排在第一位的比例,即第一信任度。另一个替代变量即是否属于重污染行业,是这样取值的,如果某上市公司属于重污染行业取值为 1,否则取值为 0。而在第 7 章中把是否属于重污染行业作为单独的一个解释变量。

4.2.3　制度压力

2008 年证交所、深交所以及国资委出台了一系列关于社会责任信息披露方面的制度,颁布了要披露社会责任报告的制度,对上市公司发布社会责任信息的渠道产生了影响,也就是对上市公司发布社会责任报告产生了影响。这些有关社会责任报告披露制度的颁布,本书认为会对上市公司发布社会责任报告产生积极的促进作用,颁布后发布社会责任报告的上市公司逐渐多起来,因此,本书将 2008 年国资委、上海证券交易所、深圳证券交易所发布的这些要求披露社会责任报告的制度给企业带来的压力定义为制度压力,同时本书将制度压力定义为哑变量,如上市公司社会责任报告在 2008 年披露,2007 年未披露,也就是制度颁布之后披露就取值为 1,说明受制度压力的影响,如果在 2007 年就披露了社会责任报告,也就是在制度颁布之前就披露,就取值为 0。

4.2.4　政府干预

政府对社会责任信息披露起到监管的作用,企业是个经济人,以赚取利润为最大的目的,往往在发展的过程中,忽略了社会责任的履行和及时地披露社会责任信息,如果政府不加强企业社会责任的履行和信息披露方面的监管,任由企业发展,会对社会和利益相关者造成比较大的影响,因此政府对上市公司社会责任信息披露的干预是必要的,这样可以约束企业的行为,使其朝着对整个社会和利益相关者有利的方向健康地发展,因此,本书把政府干预作为一个外部的压力,考察是否对上市公司的社会责任信息披露水平产生影响,对于政府干预这个变量,直接采用了樊纲、王小鲁、朱恒鹏编著的《中国市场化指数(2007)》中各省区的相应数据。

4.2.5 管理者的社会责任态度

管理者对社会责任信息披露持积极态度,是否会对企业社会责任信息披露产生积极的影响,而管理者对社会责任信息披露的态度不积极,是否就对社会责任信息披露产生消极的影响呢? 还有,对于管理者的社会责任态度在外部压力作用下,是否会更积极地披露呢? 2008年由南方周末报社主办,中国社会责任发展研究中心承办,中国民(私)营经济研究会、南开大学跨国公司研究中心、复旦大学管理学院、暨南大学管理学院社会责任会计课题组协办的活动,对中国国有上市公司、民营企业和世界500强在华企业的社会责任履行情况进行了评价,这个评价是以打分的形式公布的,这个分数是由新闻媒体进行评价,专家论证和网民投票产生的,形成了国有上市公司社会形象榜,内地民营企业创富榜,该榜单系统评价了我国公司的社会形象,管理者对社会责任的态度,在榜单内的上市公司取值为1,表示管理者的社会责任态度积极;不在榜单内的取值为0,说明管理者的社会责任态度不积极。积极比不积极的企业社会责任信息披露水平更高。

4.2.6 公司绩效

4.2.6.1 财务绩效

企业财务绩效衡量的指标通常包括两种:一种是财务指标;另一种是市场收益指标。财务指标可以用净资产收益率(ROE)、总资产收益率(ROA)或托宾 Q、每股盈余(EPS)等财务指标的变化来表示,这些财务指标能够反应整个公司的经营业绩;还可以用市场收益指标,如股价和证券收益率等来反映公司在资本市场上的表现。本书将在第5章的实证分析外部压力是否对上市公司社会责任信息披露产生影响中采用总资产收益率(ROA)来表示。在第6章采用净资产收益率(ROE)来表示公司的财务绩效。

4.2.6.2 社会绩效(Csp)

国外的研究通常把 KLD 指数作为公司社会绩效评价的方法。人们之所以选用这个指数作为社会绩效的评价方法,因为 KLD 指数有这样几个特点:①KLD 指数有具体的标准,增加了这一指标的可靠性。②这一指数可以动态地评价企业的社会绩效,对很多具有代表性企业(总共 600 多家公司)的多个时期的社会责任表现进行纵向评价,因此很多学者把它作为公司绩效的评价指标。因此国外学者通常用 KLD 指数来评价公司的社会绩效。本书用润灵环球责任评级(RKS)对 2008 年度发布社会责任报告的上市公司进行评级的结果作为上市公司的社会绩效。

润灵环球责任评级(RKS)成立于 2007 年。润灵环球责任评级(RKS)是中国企业社会责任权威第三方评级机构为责任投资者(SRI)、责任消费者及社会公众提供客观科学的企业责任评级信息。自主研发了国内首个上市公司社会责任报告评级系统 MCT,这套评价体系一方面带有中国特色,另一方面又与国际主流报告评价体系接轨,评价体系和评价结果得到政府部门、交易所、上市公司、媒体和社会公众的一致好评,具有一定的权威性。并于每年年末召开 A 股上市公司社会责任报告高峰论坛,该论坛已成为上市公司社会责任领域的权威沟通平台。上市公司社会责任报告评价体系从 Macrocosm——整体性、Content——内容性、Technique——技术性三个零级指标出发,分别设立一级指标和二级指标对报告进行全面评价,设置了包括"战略有效性""责任管理""编写规范"等 16 个一级指标,70 个二级指标,MCT-CSR 体系评分采用结构化专家打分法,满分为 100 分,其中整体性评价 M 值权重为 30%,满为 30 分;内容性评价 C 值权重为 50%,满分为 50 分;技术性评价 T 值权重为 20%,满分为 20 分。MCT 评价体系细化了对社会责任报告的评价,对整体性评价的指标由战略有效性、相关方参与性、内容平衡性、信息可比性、整体创新性、可信度与透明度六个指标组成;对内容性的评价指标由责任战略、责任管理、经济责任绩效、环境责任绩效、社会责任绩效、绩效质量六个一级评价指标组成;对技术性的评价指标由报告政策、编写规范、可获得性、表达方式等四个一级指标组成。

4.2.7　其他研究变量

公司规模(Size)通常作为研究社会责任信息披露的控制变量,规模大的公司会引起公众的关注,而且规模大的公司也更有能力和财力履行社会责任,同时大公司可能具备更多可用资源,因此很可能规模大的公司会报告更多的社会责任信息。

财务杠杆(Lar)在以往的社会责任信息披露的研究中,也是影响社会责任信息披露的重要因素,通常认为财务杠杆比率如能保持在合理的范围,上市公司就有足够的能力保证贷款的安全,债权人的权益也能得到保护。如果此比率过高,公司会有较大的还债压力,进而也没有精力来履行社会责任。此比率越高,可能履行的社会责任越少。同时财务杠杆也会影响到公司的财务绩效和社会绩效,本书用资产负债率表示财务杠杆。

国有股权比重(State)用国有股权所占比重来表示。对于公司治理结构,本书选用了董事会规模(Board)、监事会规模(Sup)、独立董事比例(Indrate)这三个变量来表示,对于董事会规模用董事会人数来表示,监事会规模用监事会人数来表示,独立董事比例用独立董事人数占董事会人数来表示。

在第6章中为了准确分析社会责任信息披露是否受到各种外部压力的影响,需要控制一些影响社会责任信息披露的影响因素。将公司规模、总资产收益率、财务杠杆作为控制变量。

在第7章中将资产负债率、国有股权结构、董事会规模监事会规模、以及独立董事比例等作为解释变量,将是否属于重污染行业、公司规模作为控制变量。

4.3 样本选取和数据来源

上市公司通常通过下列三种形式披露社会责任信息,即年度报告、社会责任报告、公司网站。人们都知道,年度报告中的社会责任信息通常分布在公司治理结构、经营状况回顾以及会计报表附注中,这样就使社会责任信息分散而不集中,并且信息需求者在年报中搜集社会责任信息花费的时间比较多,相对来说决策价值不是很高。而公司网站中披露的社会责任信息也比较分散,不够全面。还存在只发布利好的消息。

在我国很长时间以来,披露的社会责任信息一直散落在年报中和公司的网站当中,没有独立的社会责任报告,所以,很多学者在研究社会责任信息披露时所使用的样本通常都是公司年度报告的社会责任信息(陈玉清和马丽丽,2005;沈洪涛,2006;宋献中和龚明晓,2006)。目前研究社会责任信息披露时开始使用社会责任报告里面的信息(李诗田,2009;凌兰兰,2009)。近几年我国上市公司开始陆续发布独立的社会责任报告,仅2008年度就有371家上市公司发布社会责任报告,是从2005~2007年的2倍多,上市公司发布的社会责任报告呈越来越多的趋势。因此为社会责任信息披露提供了新的研究平台。

本书出于某些变量数据的可得性,选取截至到2009年6月,发布2008年度社会责任报告的上市公司作为样本,经筛选后得到336个样本。自2000以来,我国企业陆续发布社会报告,中国石油天然气股份有限公司 2000 年发布第一份社会责任报告,名为《2000 年健康安全环境报告》。2006 年国家电网发布了《社会责任报告》,是第一个发布社会责任报告的国有企业。2006 年宝山钢铁股份有限公司披露的《2006 环境报告》是我国 A 股上市公司发布的第一份可持续发展报告。从 2005 年上市公司陆续发布社会责任报告,2005 年度,仅有 7 家 A 股上市公司发布了社会责任报告,2006 年度共有 32 家 A 股上市公司发布社会报告,2007 年度共发布社会责任报告 77 份,2008 年度在政府和深圳证券交易所、上海证券交易所的积极推动下,上市公司纷纷发布社会责任报告来表明在履行社会责任方面的成绩,发布的社会责任报告达到了空前的繁荣,2008 年度共有 371 家上市公司发布社会责任报告,上海证券交易所上市公司发布了 213 份,深圳证券交易所发布了 158 份。而上面也提到了,在 2005~2007 年,还不足 120 份,一年间,发布社会责任报告的上市公司增加了很多,这也为进行研究提供了方便的条件。本书之所以选择发布社会责任报告的上市公司作为样本,是因为本书将在第 7 章研究公司的社会绩效是否对社会责任信息披露产生影响时,需要用到这 336 家的社会绩效做为研究变量,因此本书将样本选为 2008 年度发布社会责任报告的上市公司。本书对 2008 年度发布社会责任报告的上市公司执行如下筛选程序:①由于金融保险行业的特殊性,剔除了金融保险行业的上市公司。②剔除其他研究数据不全的上市公司。通过以上筛选最终获得 336 个研究样本。财务数据来源于国泰君安信息技术有限公司开发的 CSMAR 上市公司财务数据库以及 WIND 数据库,所有样本公司社会责任信息披露的数据是根据深圳证券交易所和上海证券交易所网站公布的社会责任报告手工收集的。本书所采用的公司社会绩效的数据来源于润灵环球责任评级(RKS)在和讯网上公布的对上市公司 2008 年度社会责任报告评级结果,是笔者手工查阅的各家公司的得分情况。

4.4　社会责任信息披露水平的度量

对社会责任信息披露水平的衡量一直是学术界探讨的问题,也是一个比较复杂的问题,一直处于探索中。本书采用内容分析法,参照 Ernst & Ernst 以及 Ingram(1978)的分类并结合我国的实际,将样本公司社会责任报告中的社会责任信息披露的内容分为五大类:环境保护、人力资源的开发和使用情况、产品或服务的性能与安全、对社会的贡献和利益相关者的责任。

其中环境保护是指有关控制污染、环保投入、节能减排、环境认证、保护环境和自然资源、环保处罚等方面的披露;人力资源类是指有关员工满意度、员工健康和安全以及员工培训和发展、薪酬待遇等方面信息的披露;产品或服务是指产品安全和促进消费者权益保护等方面的信息披露;社区贡献是指捐赠现金或产品、为社区提供服务或鼓励员工参与社区、社区关系等方面的信息披露;利益者相关者类是指有关兼顾股东、客户、供应商、债权人、政府等相关利益者利益等方面的信息披露。

同时将样本公司社会责任报告中社会责任信息披露的方式分为简单的定性披露、详细的定性披露、定量披露、负面信息披露、无披露五种形式。简单的定性披露是指仅仅简单地用文字对社会责任信息进行描述;详细地定性披露是指对社会责任信息详细的用文字进行描述;定量披露是指用数字或者金额对社会责任信息进行说明;负面信息的披露是指公司在社会责任报告中披露了公司在承担社会责任方面做的不好的信息;无披露是没有对有关方面的社会责任信息加以披露。本书给简单的定性披露赋值1;给详细的定性披露赋值1;定量披露赋值1;负面信息披露赋值1;无披露赋值0,五类信息的权重相同。加总五类信息的分值得出上市公司社会责任报告披露指数,具体的社会责任信息披露指数是这样计算的,环境保护、人力资源的开发和使用情况、产品或服务的性能与安全、对社会的贡献和利益相关者的责任这五类信息满分分别是4分,如没有任何信息披露是0分,如果上面的披露要求都满足,则满分就是20分,因此取值范围在0~20之间。由此用这个信息披露指数来衡量上市公司的社会责任信息披露水平。每一份社会责任报告的披露水平不同,根据上述分类和评分标准,可以得到每个上市公司社会责任报告的具体得分。具体评分标准如表4-1所示。本书采用赋值的方法也是出于更好地评价社会责任信息披露水平的角度考虑。详细披露主要考虑社会责任信息披露的完整性。把负面信息披露也考虑进来是出于对披露社会责任报告公司的诚实性的肯定,定量披露能够进行不同企业之间的比较。

表4-1　本书社会责任报告信息披露的评分标准

0分	+1分	+1分	+1分	+1分
无任何	简单定性	详细定性	定量	有负面信息
信息披露	披露	披露	披露	披露

与以往的打分法不同,以往的打分法把社会责任报告或者年报的社会责任信息分为定性披露、定量披露和无披露,并给定性披露赋值 1 分,给定量披露赋值 1 分、无披露赋值 0 分。本书为了更好地评价社会责任信息的水平,对以往的评分方法进行了改进,但为了保证此评分方法的客观性,为了研究的稳健性,将对打分的稳健性进行信度分析。

信度即可靠性,它是指采用同样的方法对同一对象重复测量时所得结果的一致性程度。信度分析包括以下四种类型:①重测信度,指同一对象在尽可能相同的情况下,不同时间内测量的一致性程度;②复本信度,指用两个重复测验的样本来测量同一个对象,其在内容上的等值性程度;③内部一致性信度,测验内部题目之间的内容和特质的一致性;④评分者信度,指不同评分者对同样的对象进行评定时的一致性(李诗田,2009)。本书采用的是第四种方法,也就是评分者信度,也就是不同的评分者对社会责任报告的评分应该是一致的,如果不同的评分者对社会责任报告的评分是一致的,也就是能够通过信度检验,那么说明用此种方法评价社会责任报告是可信的、可靠的。

信度分析的步骤如下:首先,从 336 个样本中随机抽取 5 个上市公司的社会责任报告,这个过程用 Excel 中的随机函数 rand() 来完成。其证券代码分别是600171、000897、000063、600337、600068。其次,让 3 个职业背景不同的打分者对5 个样本分别进行打分(不包括作者本人),再加上本书作者的评分结果,5 份报告各有 4 份社会责任披露的分数。然后用 SPSS 非参数检验计算肯德尔(Kendall)和谐系数,结果如表 4-2 所示。

表 4-2　Kendall 检验

N	4
Kendall W	0.815
渐进显著性	0.014

从输出结果可以看出,Kendall 协同系数为 0.815,信度的评判没有统一的标准,但根据多数学者的观点,一般认为 Kendall 协同系数如果在 0.9 以上,则表示信度甚佳;信度系数在 0.8 以上都是可接受的;如果在 0.7 以上,则应进行较大修订,但仍不失其价值。本书的 Kendall 协同系数为 0.815,是可以接受的。同时从显著性可以看出,P 值为 0.014,小于 0.05,所以拒绝原假设,说明这四个评分者的评分是正相关或者是一致的,也就说明本书的社会责任信息披露水平的衡量方法

是可靠的。

下面将对社会责任信息披露指数进行分析。首先对社会责任信息披露指数进行描述性统计,如表 4-3 所示。

表 4-3　社会责任信息披露指数的描述性统计

变量	样本数	最大值	最小值	均值	中位数	标准差
Sdi	336	18	4	8.83	10	2.41

从社会责任信息披露指数的描述性统计可以看出,最大值为 18,最小值为 4,说明社会责任信息披露水平在企业间的差异很大,而社会责任信息披露指数均值为 8.83,说明社会责任信息披露水平总体不高,还没有达到 10,而且在 336 个样本中,社会责任信息披露指数最高的也没有达到 20,说明上市公司社会责任信息披露水平总体还是比较低。

接下来,换个角度对社会责任信息披露指数进行分析,把社会责任信息披露指数分为 10 个分数段,对社会责任信息披露指数在每个分数段的上市公司数进行分析,这 10 个分数段分别是 0～2、2～4、4～6、6～8、8～10、10～12、12～14、14～16、16～18、18～20,具体分析如表 4-4 所示。

表 4-4　社会责任信息披露指数的频数统计

分数段	频数/家	百分比/%
0～2	0	0
2～4	16	4.76
4～6	51	15.18
6～8	119	35.42
8～10	60	17.86
10～12	52	15.48
12～14	26	7.74
14～16	8	2.37
16～18	4	1.19
18～20	0	0

从社会责任信息披露的频数可以看出,在 2～4 这个分数段的样本公司有 16 家,在 4～6 这个分数段的样本公司有 51 家,在 6～8 这个分数段的样本公司数最多,有 119 家,大部分样本公司的社会责任信息披露指数集中在这个分数段,在

8～10 这个分数段的样本公司相对来说也较多,有 60 家,在 10～12 这个分数段的样本公司数为 52 家,在 12～14 这个分数段的样本公司数为 26 家,在 14～16、16～18 这个分数段的样本公司数分别是 8 家和 4 家,在 18～20 这个分数段的样本公司数为 0,从上面的分布可以看出,在高分段的样本公司数比较少,大部分集中在 6～8 这个分数段,而没有一个样本公司的社会责任信息披露指数在 18-20 这个分数段。从社会责任信息披露指数可以看出高水平的社会责任信息披露少之又少,说明我国社会责任信息披露水平总体状况比较低。分析其原因无外乎有这样几种可能,一个是上市公司还没有真正认识到通过社会责任报告来披露社会责任信息能够向社会公众传达该公司是个真正负责任的公司,而还有一些企业是迫于各种压力如制度压力、政府监管的压力、合法性压力来披露这些社会责任信息,只是从形式上来披露社会责任信息,所以会形成上表的局面,所以我国的社会责任信息披露水平整体状况令人堪忧。

4.5　本章小结

本章是为下面的两章的实证研究做个铺垫,首先介绍了研究方法的选择,本书在接下来的两章中将采用实证的研究方法,会用到多元回归、逻辑回归、二阶段最小二乘法进行实证研究。其次,介绍了接下来两章需要用到的变量,在这一章中,选用了社会责任信息披露指数、制度压力变量、政府干预变量、合法性压力变量、公司的财务绩效、公司的社会绩效、公司规模、财务杠杆、国有股权比例、公司治理机构变量包括董事会规模、监事会规模、独立董事比例。在第 6 章中还将引入是否属于重污染行业这个变量作为控制变量。最后,本章还介绍了样本的选取和数据来源,本书选取了 2008 年度发布社会责任报告的上市公司,经过筛选得到 336 个样本公司,本书的数据来源于国泰君安信息技术有限公司开发的 CSMAR 上市公司财务数据库以及 WIND 数据库,所有样本公司社会责任信息披露的数据是根据深圳证券交易所和上海证券交易所网站公布的社会责任报告手工收集的。社会绩效的数据是根据润灵环球责任评级(RKS)在和讯网上公布的对上市公司 2008 年度社会责任报告评级的得分结果,是笔者手工查阅的各家公司的得分情况。

　　为了进行第 6 章和第 7 章的实证分析,对社会责任信息披露指数进行了衡量。本书采用内容分析法对社会责任信息披露水平进行衡量,把社会责任信息分为五类,即环境保护、人力资源的开发和使用情况、产品或服务的性能与安全、对社会的贡献、利益相关者的责任。同时根据上市公司发布的社会责任报告,对这五类社会责任信息进行打分,给简单的定性披露赋值 1、给详细的定性披露赋值 1、定量披露赋值 1、负面信息披露赋值 1、无披露赋值 0,五类信息的权重相同。加总五类信息的分值得出上市公司社会责任报告披露指数,并对社会责任信息披露进行了信度分析,经过分析,此种方法是可靠的、稳定的,可以用于社会责任信息披露水平的衡量。

第5章 外部压力对社会责任信息披露影响的实证分析

5.1 研究假设

5.1.1 合法性压力与社会责任信息披露

Miller(2007)认为,企业的社会责任行为是其获得合法性的一种符号性行为。合法性理论认为,企业为了确保他们的行为或者从表面上看,他们的行为在社会允许的边界内,会通过披露社会责任信息来增加其合法性。社会契约暗含着在企业与利益相关者之间达成一致。当企业承担的社会责任水平与利益相关者的期望不一致时,就会使利益相关者不认同企业的行为,进而招致来自利益相关者的压力,利益相关者会要求企业对他们的行为做出反应。当企业接受这种观点,但从行动上不做出改变,会失去合法性。由于公众期望变化,所以企业必须披露社会责任信息来表明他们正在改进社会责任行为,但也许企业做出了改变,但与利益相关者没有很好地沟通,那么利益相关者就会认为这种变化是不充分的,所以企业必须披露社会责任信息展示他们履行的社会责任是符合利益相关者的期望的。披露社会责任信息能够表明企业在和利益相关者的期望趋于一致,披露社会责任信息可以更好地展示企业在改变或者使利益相关者注意到企业的改变,以便维持其合法性。利益相关者对企业的了解也是通过企业披露的社会责任信息,比如年报和社会责任报告的社会责任信息。通常,企业为了维持和增加自身的合法性,会增加其社会责任信息披露。当企业披露更多的社会责任信息时,外部利益相关者对企业实际承担的社会责任水平就会有一个估计,而企业披露的社会责任信息水平越高,就越增加其合法性,而企业为了保持和增加其合法性,也会相应提高其社会责任信息披露水平。因此,本书求证的假设是:

H1:上市公司面临的合法性压力越大,社会责任信息披露水平越高。

合法性压力这个变量很难直接衡量,它与利益相关者自身的权利意识有关系,也与企业自身的特性有关。也就是说合法性压力一方面与利益相关者对企业的信任有关,另一方面也与企业自身所属行业有关。因此,本书将用社会信任度和上市公司是否属于重污染行业作为合法性压力的替代变量。

根据白春阳(2006)关于社会信任的定义,社会信任主要是指全体社会成员间存在着的对待公共事务、公共组织、人际交往等社会性活动或机构运作所持有的一整套"普遍而近似的态度"①。所以对于履行社会责任并及时地披露社会责任信息,可以提高对企业的社会信任。Patten(1992)研究认为,公众压力会对社会责任信息披露的水平起到积极的促进作用。因此,全体社会成员的一致态度即这种社会信任也代表了各利益相关者对企业承担社会责任水平的期望,实际上也代表了合法性的压力,利益相关者对企业的期望越高,企业的社会责任感就越强,对社会契约的遵循程度就越高,因此企业的社会责任信息披露水平就会越高,而利益相关者对企业越信任,企业面临的压力就会越大,因此会披露更多的社会责任信息。因此本书求证的假设是:

H1a:社会信任度越高的企业,面临的压力越大,其社会责任信息披露水平越高。

行业特性是公司社会责任研究中必须考虑的一个重要因素。由于不同的行业所面对的内部竞争和外部压力不同,所以每个行业均会形成特有的社会责任。尤其是对环境产生污染的行业,受到的关注会更大,来自公众的压力也会更大,证监会于2001年颁布的《上市公司行业分类指引》和国家环保总局颁布的《关于对申请上市的企业和申请再融资的上市企业进行环境保护核查的通知》确定了哪些行业属于重污染行业。在《关于对申请上市的企业和申请再融资的上市企业进行环境保护核查的通知》中,将冶金、化工、石化、煤炭、火电、建材、造纸、酿造、制药、发酵、纺织、制革和采矿业13个行业定为重污染行业,中国证监会2001年4月公布的《上市公司行业分类指引》标准,将采掘业、食品饮料、纺织服装业、造纸印刷业、石油、化学、橡胶、塑料、金属、非金属、医药、生物、电力、蒸汽及水的生产和供应业定为重污染行业。同时Cho和Patten(2007)的研究认为,对于环境敏感性行业要求的环境信息披露水平更高。尤其是一些重污染行业,这些行业有其独特性,会对环境造成污染,这样就应该承担更多的社会责任,因此利益相关者对这些重污染行业的企业在履行社会责任披露社会责任信息水平方面的期望值就会更高。虽然国家颁布了很多强制性的法律、法规和制度,来约束这些行业要履行社会责任并及时地

① 白春阳.社会信任的基本形式解析[J].河南社会科学,2006(1):4-6.

披露社会责任信息,但这些行业还受到来自利益相关者的无形压力的影响,因此,重污染行业面临的合法性压力就大,会更多地披露社会责任信息。因此本书求证的假设是:

H1b:属于重污染行业的企业,面临的压力越大,其社会责任信息披露水平越高。

5.1.2　制度压力与社会责任信息披露

一般来说,制度压力通过颁布一系列法规制度的形式实现,是一种直接的压力,是对企业产生影响的法律法规强制机制,对企业可以起到一定的约束力。下面先回顾一下我们国家关于要求企业发布社会责任报告的制度。

新颁布的《公司法》,首次将公司履行社会责任纳入国家的法律中。新《公司法》第五条规定"公司从事经营活动,必须遵守法律、行政法规,遵守社会公德、商业道德,诚实守信,接受政府和社会公众的监督,承担社会责任"。最早对上市公司社会责任提出要求的是深圳证券交易所,2006 年 9 月,深圳证券交易所发布《深圳证券交易所上市公司社会责任指引》,指引指出上市公司的社会责任指上市公司对国家和社会的全面发展、自然环境和资源,以及股东、债权人、职工、客户、消费者、供应商、社区等利益相关方所应承担的责任。指引提出了对股东和债权人权益保护、职工权益保护、供应商、客户和消费者权益保护、环境保护与可持续发展、公共关系和社会公益事业制度建设与信息披露等方面的要求。指引要求,积极履行社会责任,定期评估公司社会责任的履行情况,自愿披露公司社会责任报告。同时指引要求建立社会责任制度,定期检查和评价公司社会责任制度的执行情况和存在的问题,形成社会责任报告。公司可将社会责任报告与年度报告同时对外披露。

2008 年上海证券交易所发布了《关于加强上市公司社会责任承担工作暨发布〈上海证券交易所上市公司环境信息披露指引〉的通知》要求上市公司根据《证券法》《上市公司信息披露管理办法》的相关规定,及时披露上市公司在承担社会责任方面的特色做法和取得的成绩。并在披露公司年度报告的同时在交易所网站上披露年度社会责任报告,并说明公司根据自身特点拟定社会责任报告,但应包括促进社会可持续发展、环境及生态可持续发展、经济可持续发展三个方面的工作。深圳证券交易所在 2008 年 6 月发布《关于做好上市公司 2008 年度报告工作的通知》,明确要求上市公司按照深交所颁布的《上市公司社会责任指引》的规定披露社会责任的履行情况。2008 年底,深圳证券交易所明确要求"深证 100 指数"的上市公司按照《上市公司社会责任指引》的规定披露社会责任报告,说明公司在股东、债权人、供应商、职工、客户、消费者等利益相关方权益保护、环境保护、节能减排、社会公益方面建立社会责任制度和履行情况等。

2008 年 1 月,国务院国资委发布了首份《关于中央企业履行社会责任的指导意见》,该意见要求央企履行的社会责任是坚持依法经营诚实守信、切实提高产品质量和服务水平、加强资源节约和环境保护、不断提高持续盈利能力、保障生产安全、推进自主创新和技术进步、维护职工合法权益、参与社会公益事业八大部分。并提出有条件的企业要发布社会责任报告或可持续发展报告,公布企业履行社会责任的现状、规划和措施,完善社会责任沟通方式和对话机制,及时了解和回应利益相关者的意见建议,主动接受利益相关者和社会的监督。上述关于发布社会责任报告的制度,说明我国已经从制度层面来规范上市公司社会责任信息披露。制度环境的变化是否对上市公司发布社会责任报告产生积极的作用呢?

Walden(1997)等认为,压力来自法律环境,法律环境包括规章制度以及可能受到的惩罚。Cho 和 Patten(2007)认为,公司可能会通过增加社会和环境的信息披露来缓解压力。如果法律制度环境越是健康的发展的话,企业的会计准则会更透明。而如果法律制度执行力越高,那么对当地企业的监管也会越完善。在制度压力的作用下,企业可能会通过调整其社会责任的战略,从比较被动的屈从策略调整到主动的改进策略,以符合制度的要求。

我国的上海证券交易所、深圳证券交易所以及国资委都发布了关于发布企业社会责任报告的制度,本书认为,制度发布后,上市公司所处的披露制度环境的变化会对上市公司披露社会责任报告产生积极的促进作用、积极的影响,上市公司会在制度的压力下积极披露社会责任信息。根据上述分析,本书要求证的假设是:

H2:要求上市公司发布社会责任报告的制度颁布后,上市公司社会责任信息披露水平会显著提高。

5.1.3 政府干预与社会责任信息披露

所谓政府干预是指政府对企业的干预程度,这里指的干预并不是对企业的决策进行行政干预,而是对企业的社会责任信息披露加强监管。在市场经济条件下,通过立法与行政干预加强对企业的监管,促进企业加强社会责任信息披露是必要的。政府的干预水平,实际上决定了企业社会责任的履行,进而影响社会责任信息披露的水平。对上市公司加强监管是政府的职责,政府监管越到位,且对企业的监管体系越严密,企业的社会责任信息披露水平就越高。Baden(2009)、Givel(2007)、Dununett(2006)、田志龙(2005)的研究发现,政府是企业履行社会责任的重要影响因素。

企业是一个经济人,是以盈利为目的的,企业通常考虑的是如何增加自身的利润,只考虑自身的成本和收益,并不会考虑整个社会的成本与收益,这样就会给企业带来经济利益的同时也带来外部效应,造成对资源的错误配置和"市场失灵"的问题,如此看来,如果政府监管不到位,企业会不顾对社会造成的影响,做出一些对社会和公众不负责任的行为,肯定会出现如三鹿奶粉和紫金矿业等不披露社会责任信息的问题,进而给整个社会和公众造成巨大的损失。进而也影响政府的公信力,而政府加强对企业社会责任信息披露的监管,企业迫于压力,也会服从这种监管,以避免不必要的惩罚,同时还会减少很多不必要的损失。得到社会公众的支持,提升企业自身的社会形象,进而增强企业的社会竞争力,吸引更多的利益相关者,如供应商、消费者、投资者、债权人及潜在的供应商和消费者、投资者和债权人。政府强有力的监管会促使企业履行社会责任并且披露社会责任信息,因此,本书提出以下假设:

H3:政府对企业的社会责任信息披露的干预水平越高,企业的社会责任信息披露水平就越高。

5.1.4　管理者的社会责任态度与社会责任信息披露

通常,企业的行为与社会的目标和社会的价值观一致与否通常取决于管理者的价值观是否与社会的价值观一致。管理者自身的意识和觉悟对社会责任信息披露也会产生重要的影响。Solomon(1997)认为外部利益相关者对企业和管理者的社会责任行为和道德行为的需求更强烈了。Drucker(1954)认为管理者承担责任的愿望与日俱增,这样是对社会公众有好处的。他认为管理者的行为要附属于品德的伦理标准。但他强调一个企业的首要责任是赚取利润,同时也认为更重要的是管理者要考虑公司的政策和行动对社会的影响。管理者最终的责任是要对自己、对公司、对我们的文明、对我们的社会、对我们的生活方式负责任。Wood 和Jones(1995)的研究表明,企业管理人员的道德承诺,可以促进企业具有更好的社会责任表现。因此,管理者的社会责任态度越积极,本着对利益相关者,对整个社会负责的原则进行社会责任活动,企业披露的社会责任信息就会越主动,披露的水平也会越高。

郑海东(2007)认为企业的社会责任的行为反映了管理者的社会责任态度。管理者社会责任态度的改善,表明其对股东以外的其他利益相关者的关注提升。当管理者意识到披露高水平的社会责任信息可以树立企业的社会形象,并使利益相关者感觉到企业是对其负责任的,提升了对利益相关者的关注,增加了利益相关者与企业的良好合作时,管理者的社会责任态度就会更积极,就会积极主动地履行社会责任,并披露社会责任信息。因此,提出以下假设:

H4:管理者的社会责任态度越积极,企业的社会责任信息披露水平越高。

H5:企业的社会责任信息披露水平就越高,管理者的社会责任态度越积极。

Roberts(1992)认为并不是所有公司的管理者都会积极地披露社会责任信息,因为披露这些社会责任信息是有成本的。管理者会在迫于外部压力时,特别是来自政府、制度、社区、公众、投资者的压力时,他们会对披露社会责任信息的成本和收益进行比较,进而决定是否披露。因此管理者在外部压力作用下,其社会责任态度是否积极,一方面是管理者要考虑披露这些社会责任信息成本的问题,另一方面是迫于外部的压力,Donaldson 和 Preston(1995)认为企业应对所有的利益相关者负起责任,尽量满足其利益方面的要求,满足他们的利益方面的要求并不是为了实现股东财富的最大化,而是一种道德责任。这种观点从伦理道德的角度说明了企业要更多地关注所有利益相关者的利益需求。通常情况下,当公司在面临来自政府、制度、合法性压力的情况下,为了维持公司的良好形象,管理者通常通过增加社会责任信息披露的方式来缓解这些压力,也就是说管理者会通过增加披露转移来自各方面的注意力,这样可以改变来自各方面的看法。本书认为,当管理者在面临政府干预、制度压力、合法性压力的情况下,管理者披露社会责任信息问题会更积极。因此提出以下假设:

H6:外部压力越大,管理者在披露社会责任信息方面的态度就会越积极。

H6a:合法性压力越大,管理者在披露社会责任信息方面的态度就会越积极。

H6a1:社会信任度越高,管理者在披露社会责任信息方面的态度就会更积极。

H6a2:属于重污染行业,管理者在披露社会责任信息方面的态度就会更积极。

H6b:制度压力越大,管理者在披露社会责任信息方面的态度就会越积极。

H6c:政府干预越大,管理者在披露社会责任信息方面的态度就会越积极。

5.2　实证分析及其结果

5.2.1　描述性统计分析

本书对主要变量进行了描述性统计,然后从样本公司所属行业、是否属于重污染行业两个方面,粗略地描述样本公司的行业是否属于重污染行业、对社会责任信息披露是否具有影响。

5.2.1.1 变量的描述性统计

主要变量的描述性统计,如表 5-1 所示。

表 5-1　主要变量的描述性统计

变量	样本数	最大值	最小值	均值	中位数	标准差
压力(Pressure)						
社会信任度(Trust)	336	0.23	0.001	0.07	0.04	0.07
合法性压力(Ind)	336	1	0	0.46	0	0.50
制度压力(Regulation)	336	1	0	0.89	1	0.32
政府干预(Goverment)	336	10.41	3.84	8.09	8.62	1.76
社会责任态度(Manager)	336	1	0	0.16	0	0.37
总资产收益率(Roa)	336	0.59	−0.25	0.09	0.07	0.09
资产负债率(Lar)	336	1.84	0.04	0.50	0.50	0.20
公司规模(Size)	336	12.08	8.37	9.72	9.67	0.59

由表 5-1 可以看出,①从合法性压力来看,社会信任度最大值为 0.23,最小值为 0.001,说明不同地区的社会信任度差异比较大,来自社会的信任度不同,各个样本公司所面临的合法性压力也不同;从是否属于重污染行业的角度看,重污染企业占整个样本的 45.6%,重污染行业由于行业的特殊性,因此受到的关注比非污染行业要高,因此,面临的合法性压力就高。②从制度压力来看,平均值大于 0.5,说明大部分企业在制度发布之后发布了社会责任报告。③从政府干预变量可以看出,最大值为 10.41,最小值为 3.84,说明各个企业受到各个地区政府干预的程度不同。④对于管理者的社会责任态度,等于 1 的样本小于总样本的一半。⑤对于总资产收益率,样本公司的差异比较大,最大值为 0.59,最小值为 −0.25。⑥对于资产负债率,最大值为 1.84,最小值为 0.04,差异也比较大。⑦对于公司规模,最大的为 12.08,最小的为 8.37,相对来说,差异不是很大。

5.2.1.2 行业的描述性统计

行业特征是研究公司社会责任需要考虑的一个非常重要的因素。不同的公司,特别是不同行业的公司有不同的利益相关者,即使是同样的相关利益者对不同行业的上市公司也会有不同的要求。不同的行业所面临的内部压力和外部压力不同,所以每个行业都会形成特有的社会责任。因此,在研究公司社会责任信息披露

外部压力、公司绩效与社会责任信息披露

时应该注意公司所属行业,同时还应该注重上市公司是否属于重污染行业,重污染行业的上市公司应该对社会责任信息披露更充分,所以本书从两个方面分析上市公司所属行业以及是否属于重污染行业。表5-2是对样本公司所属行业以及在整个样本公司中所占比重进行了简单的描述性统计。

表5-2　样本公司所属行业分析

行业	样本公司数/家	所占比重/%
采掘业	14	4.17
传播与文化	2	0.60
水电煤气	24	7.14
房地产	16	4.76
建筑	11	3.27
交通运输仓储	24	7.14
农林牧渔	6	1.79
批发零售	9	2.68
社会服务	7	2.08
信息技术	22	6.53
电子	14	4.17
纺织服装皮毛	10	2.98
机械设备仪表	51	15.18
金属非金属	44	13.1
木材家具	1	0.30
石化塑胶塑料	23	6.85
食品饮料	16	4.76
医药生物制品	16	4.76
造纸印刷	6	1.79
综合类	11	3.27
其他制造业	9	2.68
合计	336	100.00

通过表5-2可以发现,在发布社会责任报告的上市公司中,木材家具行业只有一家发布社会责任报告,占整个样本公司的0.3%;文化传播业只有两家发布社会责任报告,占整个样本公司的0.6%;而造纸印刷行业也只有6家,占整个样本公司的1.79%;机械设备和金属非金属行业所占比重比较大,机械设备、金属非金属

分别是 51 家和 44 家,占整个行业的 15.13%、13.6%,说明这两个行业披露社会责任报告比较积极。石化塑胶、交通运输仓储分别是 23 家、24 家,分别占整个行业的 6.85%、7.12%,说明不管是重污染行业还是非污染行业都主动披露社会责任信息。而所属信息技术的上市公司 22 家,占整个行业的 6.53%,通过表 5-2 还可以看出,无论上市公司所属什么行业,均披露社会责任报告,而且很多非污染行业披露社会责任报告,说明各行业的上市公司都认识到披露社会责任的重要性,主动披露社会责任信息。

5.2.1.3　是否属于重污染行业

本书根据《关于对申请上市的企业和申请再融资的上市企业进行环境保护核查的通知》,并结合中国证监会 2001 年 4 月公布的《上市公司行业分类指引》标准,将采掘业、食品饮料、纺织服装业、造纸印刷业、石油、化学、橡胶、塑料、金属、非金属、医药、生物、电力、蒸汽及水的生产和供应业定为重污染行业,对所研究样本是否属于重污染行业进行统计分析,如表 5-3 所示。

表 5-3　上市公司是否属于重污染行业表

是否属于重污染行业	样本公司数/家	所占比重/%
重污染行业	153	45.54
非污染行业	183	54.46
合　计	336	100.00

通过表 5-3 可以看出,重污染行业的上市公司共 153 家,占整个样本公司数的 45.70%,非污染行业的上市公司 183 家,占样本公司数的 54.30%,从这个比例可以看出,发布社会责任报告的上市公司中,非污染行业的企业比重污染行业的企业多,说明非污染行业的企业正积极主动地披露社会责任信息,而重污染行业对环境会造成影响,反而披露社会责任报告的企业相对来说少,说明重污染企业应该更注重自身社会责任信息披露,以便于利益相关者更多地了解上市公司社会责任信息。重污染企业应该主动披露社会责任信息,同时相关部门出台政策促使上市公司披露社会责任信息。在重污染行业中,金属和非金属行业占 44 家,电力蒸汽及水的生产和供应一共 24 家、石油、化学、橡胶、塑料行业 23 家,说明这几个重污染行业的上市公司发布的社会责任报告比较多,逐步意识到发布社会责任报告对利益相

关者的重要性。

由两类行业样本数可以看出，非污染行业比重污染行业的公司数多 30 家，说明非污染行业的上市公司也意识到披露社会责任信息对整个社会的重要性，更注重社会责任信息的披露，更主动披露社会责任信息。

5.2.2　相关性分析

下面将对各研究变量的相关关系进行检验，如表 5-4 所示。

表 5-4　研究变量的相关性检验

	Sdi	Regulation	Trust	Goverment	Manager	Size	Ind	Roa	Lar
Sdi	1								
Regulation	0.179**	1							
Trust	0.175**	0.075	1						
Goverment	0.065	−0.099	0.650**	1					
Manager	0.342**	0.161**	0.353**	0.023	1				
Size	0.375**	−0.002	0.199**	0.036	0.577**	1			
Ind	0.110*	0.025	0.178**	0.211**	0.064	0.089	1		
Roa	0.098	0.048	−0.062	−0.007	−0.045	−0.045	0.117*	1	
Lar	−0.003	−0.173**	−0.029	−0.022	0.159**	0.300**	0.012	−0.212**	1

注：*、** 分别表示两个变量在 5%、1% 的水平上显著相关

由表 5-4 可以看出，制度压力与社会责任信息披露水平在 1% 的水平上显著正相关，与假设 H2 的理论预期相符。合法性压力变量中的社会信任度变量与社会责任信息披露水平在 1% 的水平上显著正相关，与假设 H1a 理论预期相符。合法性压力变量中的是否属于重污染行业变量与社会责任信息披露水平在 5% 的水平上显著正相关，与假设 H1b 的理论预期相符。管理者的社会责任态度与社会责任信息披露水平在 1% 的水平上显著正相关，与假设 H4、H5 的理论预期相符。政府干预与社会责任信息披露水平正相关，但不显著，与假设 H3 的理论预期不相符。资产负债率与公司社会责任信息披露水平负相关，但不显著。社会责任信息披露水平与总资产报酬率正相关，但不显著。管理者的社会责任态度与制度压力在 1% 的水平上显著正相关，与假设 H6b 的理论预期相符。同时与合法性压力的替代变

量的社会信任度在 5％的水平上显著正相关，与假设 H6a1 的理论预期相符。与政府干预正相关，但不显著，与假设 H6c 的理论预期不符。管理者的社会责任态度与公司规模在 5％的水平上显著正相关。最终结论需通过多元回归分析后进一步确定。

5.2.3　模型的建立

为了验证在上文提出的理论假设，建立以下两组计量模型，第一组方程以社会责任信息披露水平(Sdi)作为被解释变量，用外部压力各变量作为解释变量，有制度压力(Regulation)、政府干预(Government)、合法性压力(Trust、Ind)，并引入管理者的社会责任态度(Manager)、公司规模(Size)、总资产收益率(Roa)、财务杠杆(Lar)作为控制变量。第二组方程以管理者的社会责任态度(Manager)为被解释变量，用外部压力各变量作为解释变量，有制度压力(Regulation)、政府干预(Government)、合法性压力(Trust、Ind)，并引入社会责任信息披露水平(Sdi)、公司规模(Size)作为控制变量。

$$Sdi = \alpha + \beta_1 Pressure + \beta_2 Regulation + \beta_3 Goverment +$$
$$\beta_4 Manager + \beta_5 Size + \beta_6 Lar + \beta_7 Roa + u \tag{5.1}$$

$$Sdi = \alpha + \beta_1 Trust + \beta_2 Regulation + \beta_3 Goverment +$$
$$\beta_4 Manager + \beta_5 Size + \beta_6 Lar + \beta_7 Roa + u \tag{5.2}$$

$$Sdi = \alpha + \beta_1 Ind + \beta_2 Regulation + \beta_3 Goverment +$$
$$\beta_4 Manager + \beta_5 Size + \beta_6 Lar + \beta_7 Roa + u \tag{5.3}$$

$$Manager = \alpha + \beta_1 Pressure + \beta_2 Regulation + \beta_3 Goverment +$$
$$\beta_4 Sdi + \beta_5 Size + v \tag{5.4}$$

$$Manager = \alpha + \beta_1 Trust + \beta_2 Regulation + \beta_3 Goverment +$$
$$\beta_4 Sdi + \beta_5 Size + v \tag{5.5}$$

$$Manager = \alpha + \beta_1 Ind + \beta_2 Regulation + \beta_3 Goverment + \beta_4 Sdi + \beta_5 Size + v$$
$$\tag{5.6}$$

对模型中所涉及的变量的具体描述如表 5-5 所示。

表 5-5 研究变量的定义

变量	符号	定义
社会责任信息披露指数	Sdi	简单定性披露、详细定性披露、定量披露、负面信息披露赋值 1,无信息赋值 0,取值范围在 0~20 之间
合法性压力	Pressure	
	Trust	社会信任度用张维迎社会信任指数
	Ind	如属重污染行业为 1,否则为 0
制度压力	Regulation	2007 年未发布社会责任报告,2008 年发布的为 1,否
政府干预	Goverment	则为 0
管理者的社会责任态度	Manager	樊纲、王小鲁、朱恒鹏编著的"中国市场化指数" 在社会责任榜单内的上市公司说明管理者社会责任
净资产收益率	Roa	态度积极,取值为 1,不在榜单内的取值为 0
财务杠杆	Lar	净利润/平均资产总额
公司规模	Size	负债/资产 公司年末总资产的自然对数

5.2.4 模型估计与检验

5.2.4.1 独立样本 T 检验

在进行回归分析之前,本章先按照社会责任信息披露水平将样本划分成两组,低于均值的样本作为组 1,高于均值的样本作为组 2。本书对各变量分组进行独立样本 T 检验,分析社会责任信息披露水平能否受到外部压力的影响,以及与管理者的社会责任态度的关系。同时分析管理者的社会责任态度是否受到外部压力的影响。对于管理者的社会责任态度是否受到外部压力的影响,本书将按照管理者的社会责任态度是否积极将样本分为两组,管理者的社会责任态度积极的为组 1,管理者的社会责任态度不积极的为组 2,分析在外部压力的影响下,管理者的社会责任态度积极的样本公司与不积极的样本公司是否存在明显的不同。社会责任信息披露水平分组 T 检验如表 5-6 所示,管理者社会责任态度分组 T 检验如表 5-7所示。

表 5-6　**社会责任信息披露水平分组 T 检验**

		Group1:水平＝1	Group2:水平＝2	Group1 vs Group2
		Mean	Mean	P value
Pressure	Trust	0.06	0.07	0.09 *
	Ind	0.45	0.48	0.60
Regulation		0.86	0.90	0.003 * * *
Government		8.03	8.18	0.452
Manager		0.11	0.25	0.001 * * *
Obs		208	128	

注：* * * 表示在 1％水平上显著，* * 表示在 5％水平上显著，* 表示在 10％水平上显著

表 5-6 表示当不考虑公司财务绩效和财务杠杆以及公司特征等控制变量时，外部压力是否影响社会责任信息披露水平。第一，在合法性压力方面，说明其面临的合法性压力即社会信任度越高，社会责任信息披露水平越高，而且这一差异在 10％的水平上显著，但不同的社会责任信息披露水平的企业之间在面临合法性压力的另一个替代变量即是否属于重污染行业时，并不存在太大的差异；第二，在制度压力方面，说明当公司面临制度压力越大，社会责任信息披露水平越高；第三，在政府干预方面，不同的社会责任信息披露水平的企业之间并不存在太大的差异；第四，在管理层反映方面，管理层反映越积极，社会责任信息披露水平就越高。

因此，将社会责任信息披露水平按均值分组可以看出，当面临合法性压力时，也就是其中之一的替代变量社会信任度越高，社会责任信息披露水平越高，假设 H1a 得到验证，而假设 H1b 未得到支持。当面临制度压力时，制度压力越大，社会责任信息披露水平越高，假设 H2 得到支持。但是政府干预对社会责任信息披露水平的影响并不显著，假设 H3 未得到支持。而管理者的社会责任态度越积极，其社会责任信息披露水平越高，假设 H4 得到支持。

表 5-7　**管理者社会责任态度分组 T 检验**

		Group1:态度积极＝1	Group2:态度不积极＝2	Group1 vs Group2
		Mean	Mean	P value
Pressure	Trust	0.89	0.87	0.023 * *
	Ind	0.49	0.45	0.670

	Group1:态度积极=1	Group2:态度不积极=2	Group1 vs Group2
	Mean	Mean	P value
Regulation	0.90	0.86	0.014＊＊
Government	8.13	8.08	0.342
Obs	55	281	

注:＊＊＊表示在1％水平上显著,＊＊表示在5％水平上显著,＊表示在10％水平上显著

表5-7表示当不考虑公司财务绩效和财务杠杆以及公司特征等控制变量时,外部压力是否影响管理者的社会责任态度。我们可以看出,第一,当面对合法性压力时,合法性压力的替代变量社会信任度越高时,管理者的社会责任态度越积极,而且这一差异在5％的水平上显著,与假设H6a1的理论预期相符。但不同行业企业的管理者社会责任态度在面临合法性压力的另一个替代变量即是否属于重污染行业时,并不存在太大的差异。第二,当面临制度压力时,制度压力越大,管理者的态度越积极,而且这一差异在5％的水平上显著,与假设H6b的理论预期相符。第三,在政府干预方面,不同企业的管理者社会责任态度在面临政府干预下,并不存在太大的差异,与假设H6c的理论预期不符。

5.2.4.2 回归分析

为了进一步分析社会责任信息披露水平是否会受到外部压力的影响,本书运用Eviews 5.0对社会责任信息披露水平与外部压力各变量进行估计,最终回归估计结果如表5-8所示。

表5-8中的模型5.2是将合法性压力的变量社会信任度引入模型,模型5.3是将合法性压力的第二个替代变量是否属于重污染行业引入模型。下面将对两个模型的回归结果进行分析,从模型5.2的回归结果可以看出,制度压力变量的参数值在1％水平上显著,说明国家制定的制度压力越规范,企业面临的制度压力越大,企业披露的社会责任信息越多,假设H2得到验证。还可以看出,政府干预的参数值并不显著,说明政府对企业披露社会责任信息方面监管的力度还不够,假设H3未得到支持。合法性压力的替代变量社会信任度的参数值在1％的水平上显著正相关。说明来自社会公众对企业的社会信任度越高,其社会责任信息披露水平就越高,假设H1a得到支持。管理者的社会责任态度的参数值在1％的水平上显著正相关,说明管理者的社会责任态度越积极,公司社会责任信息披露水平越

高,假设 H4 得到验证。

表 5-8　外部压力与社会责任信息披露水平的回归结果

解释变量	模型 5.2	模型 5.3
C	−1.957	−11.976
	(−0.219)	(−1.442)
Regulation	4.875＊＊＊	4.989＊＊＊
	(3.661)	(3.772)
Government	0.461	0.204
	(1.478)	(0.391)
Trust	22.936＊＊＊	
	(2.868)	
Ind		1.296
		(1.532)
Manager	3.994＊＊＊	3.601＊＊＊
	(2.960)	(2.655)
Size	3.974＊＊＊	4.530＊＊＊
	(4.428)	(5.159)
Roa	11.046＊＊	8.816＊
	(2.281)	(1.799)
Lar	−5.249＊＊	−5.798＊＊＊
	(−2.372)	(−2.606)
F 值	14.989＊＊＊	13.907＊＊＊
Adj. R	0.226	0.212

注:＊＊＊表示在1％水平上显著,＊＊表示在5％水平上显著,＊表示在10％水平上显著,括号内为
T 值

公司规模(Size)的参数估计值在 1％的水平上显著为正,说明公司的规模越
大,社会责任信息的披露水平就会越高。社会责任信息披露水平会随着公司规模
的增加而显著提高。总资产收益率显示出与社会责任信息披露水平正相关且在
5％水平上显著,说明公司的总资产收益率越高,社会责任信息披露水平越高,公司
越有能力履行社会责任,进而披露社会责任信息。而公司的资产负债率(Lar)的回
归系数为正,并且在 5％的水平上显著负相关,说明公司资产负债率越高,企业的
还债压力越大,越没有能力履行社会责任,进而社会责任信息披露水平就会越低。

从模型 5.3 可以看出,制度压力也与社会责任信息披露水平在 1% 的水平上显著正相关,假设 H2 得到验证。说明给予企业的制度压力越大,企业的社会责任信息披露水平就越高。政府干预与社会责任信息披露水平呈正相关,但不显著,假设 H3 未得到支持。合法性压力的另一个替代变量,是否属于重污染行业虽与社会责任信息披露呈正相关,但也不显著,假设 H1b 未得到支持。因为是否属于重污染行业只是合法性压力的一个替代变量,只能说明合法性压力的一部分因素,所以解释能力能差一些,说明是否属于重污染行业与社会责任信息披露水平没有关系。所以是否属于重污染行业变量不能完全替代合法性压力这个变量。管理者的社会责任态度、公司规模、资产负债率与模型 5.2 的结论是一致的,总资产收益率的回归系数在 10% 的水平上与社会责任信息披露水平显著正相关。

为了验证在有外部压力存在的情况下,管理者的社会责任态度是怎样的,是披露更积极还是漠视压力的存在,下面用逻辑回归分析法对外部压力各变量和管理者的社会责任态度的关系进行实证分析。同样运用 Eviews5.0 对外部压力各变量和管理者的社会责任态度进行估计,最终回归估计结果如表 5-9 所示。

表 5-9　管理者的社会责任态度与外部压力各变量的 Logit 回归结果

解释变量	模型 5.5	模型 5.6
C	−44.398 * * *	−39.700 * * *
	(−7.494)	(−7.430)
Sdi	0.068 * * *	0.059 * * *
	(2.756)	(2.621)
Regulation	0.906 *	1.142 *
	(2.371)	(2.685)
Government	0.171	0.114
	(1.010)	(0.974)
Trust	10.265 * *	
	(2.216)	
Ind		0.011
		(0.026)
Size	4.036 * * *	3.833 * * *
	(7.349)	(6.980)
LR 值	139.007 * * *	133.584 * * *

注:* * * 表示在 1% 水平上显著,* * 表示在 5% 水平上显著,* 表示在 10% 水平上显著,括号内为 Z 值

表 5-9 的 Logit 回归结果表明,在面对外部压力的情况下,管理者的社会责任态度是积极反应还是漠视外部压力的存在。模型 5.5 是将合法性压力的替代变量社会信任引入模型,模型 5.6 是将合法性压力变量的替代变量是否属于重污染引入模型。下面对两个模型进行分析。通过对模型 5.5 的分析可以得到如下结论,社会责任信息披露水平与管理者的社会责任态度在 1% 的水平上显著正相关,表明社会责任信息披露水平越高,管理者的社会责任态度越积极。制度压力与管理者的社会责任态度在 10% 的水平上显著正相关,假设 H6b 得到支持。说明制度给予企业的压力越大,管理层的披露就越积极。管理者在制度的压力下,社会责任态度会更积极,社会责任信息披露水平就会越高。政府干预与管理者的社会责任态度虽然正相关,但不显著,说明可能是政府虽然对企业披露社会责任信息进行监管,但监管的力度不够,这样给予企业管理者的压力就小,企业虽然也会披露,但不是很积极地披露社会责任信息,假设 H6c 未得到支持。对于合法性压力的替代变量社会信任度与管理者的社会责任态度在 5% 的水平上正相关,说明合法性压力越大,也就是社会公众对企业的信任度越高,管理层面临的压力越大,管理者在披露社会责任信息方面的态度也就越积极,假设 H6a1 得到支持。公司规模与管理层的反应在 1% 的水平上显著正相关,说明公司规模越大,越有能力和资源履行社会责任,管理者会更多地披露社会责任信息。

从模型 5.6 的回归结果可以看出,社会责任信息披露水平与管理者的社会责任态度在 1% 水平上显著正相关,假设 H5 得到支持。说明社会责任信息披露水平越高,管理者的社会责任态度越积极。合法性压力的替代变量是否属于重污染行业与管理者的社会责任态度相关,但不显著。制度压力与管理者的社会责任态度在 5% 的水平上显著正相关。说明制度压力越大,管理层迫于压力会相对积极地披露社会责任信息。政府干预与管理者的社会责任态度虽然正相关,但并不显著,与模型 5.5 的结论是一致的,同样说明,政府对企业社会责任信息披露进行监管的力度不够,给予企业的压力过小,说明给予管理层的压力过小,管理者的社会责任态度就不是很积极。公司规模与管理者的社会责任态度在 1% 的水平上显著正相关,说明公司规模越大,管理者的社会责任态度就越积极。

5.2.5　实证结果及其讨论

综上,本章对我国上市公司的社会责任信息披露水平是否受到外部压力的影响通过多元回归方法进行了估计和检验,得到如下基本结论:对我国上市公司而言,①社会责任信息披露水平受到外部压力的影响。社会责任信息披露水平不仅受到制度压力的影响,还受到合法性压力的影响。②社会责任信息披露水平受到制度压力的影响,给予企业的制度压力越大,社会责任信息披露水平就越高。通常企业会迫于制度的压力,披露社会责任信息。③上市公司的社会责任信息披露水平还受到合法性压力的影响,由于合法性压力很难找到精确的值来衡量,本章用两个替代变量,一个是社会信任度,另一个是是否属于重污染行业,通过上述分析可得出社会信任度越高,合法性压力越大,社会责任信息披露水平就越高。是否属于重污染行业与社会责任信息披露水平的关系并不显著。④政府的干预虽与社会责任信息披露水平正相关,但并不显著,这说明政府对社会责任信息披露的监管力度不够,致使给予企业的社会责任信息披露的外部压力不够,企业就会漠视政府压力的存在。尤其是一些地方政府,为了本地区的经济发展,甚至成了上市公司的保护伞,到处开绿灯,致使上市公司对利益相关者和周围环境造成了很大影响,地方政府仍任由其发展,紫金矿业就是一个很好的例子。⑤管理者的社会责任态度与上市公司社会责任信息披露水平显著正相关,说明在披露社会责任信息方面,管理社会责任态度越积极,社会责任信息披露的水平也就越高。⑥公司规模大的上市公司会披露更多的公司社会责任信息。大公司为了在社会公众面前树立良好的公司形象,会乐意积极披露公司社会责任信息。公司规模是影响社会责任信息披露水平的重要因素。⑦总资产收益率与社会责任信息披露水平显著正相关,说明总资产收益率越高,社会责任信息披露水平越高。⑧资产负债率与社会责任信息披露水平显著负相关,说明公司资产负债率越高,社会责任信息披露水平越差。也就是说公司的资产负债率越高,企业的债务压力越大,对社会责任信息披露就显得无暇顾及。

同时本章还研究了在存在外部压力的情况下,管理层的反应是积极的还是漠视压力的存在,本章通过 Logit 进行了估计和检验,研究结论如下:①社会责任信息披露水平越高的公司,管理层的社会责任态度就越积极。②在制度压力的作用下,管理者的社会责任态度是积极的,压力越大,管理者迫于这种压力会相对进行积极的披露。③政府的干预与管理者的社会责任态度关系并不显著,可能的原因是政府的干预力度不够,不能给企业带来实质的压力。④合法性压力的替代变量社会信任度与管理者的社会责任态度显著正相关,说明公司的社会信任度越高,管理者的社会责任态度就越积极。合法性压力的另一个替代变量是否属于重污染行业与管理者的社会责任态度关系不显著。⑤公司规模越大,管理层的反应越积极。

关于与假设一致的结论在研究结论中已经说明,下面对与研究假设不一致的结果进行解释。合法性压力的替代变量是否属于重污染行业在模型 5.2 和模型

5.3中均未得到与假设理想的结果,可能的原因是是否属于重污染行业作为合法性压力的替代变量,只能代表合法性压力的一部分,会失去一部分解释能力,是否属于重污染行业并不能完全替代合法性压力这个变量。从前面的理论分析可以知道,在合法性压力的作用下,上市公司社会责任信息披露水平高,那么不论是重污染行业还是非污染行业,当面临这种压力时,都会披露社会责任信息,发布社会责任报告,这样只是在形式上发布社会责任报告,并宣称其是高水平负责任的公司,这样就会形成信息混同的现象,从形式上看,无论是重污染行业还是非污染行业,都披露了社会责任报告,但实质上,社会责任信息披露水平层次不一,对社会责任信息披露水平在实质上没有起到积极的影响。属于重污染行业的上市公司其管理者的社会责任态度也是迫于压力在形式上披露社会责任信息,尤其是重污染行业管理层为了控制事态的发展,防止信息过多地蔓延,往往在社会责任报告中避而不谈,或轻描淡写,所以也就是从形式上披露社会责任信息而已。

政府干预在两个模型中均未得到验证,可能的原因是有:首先,政府干预并不是企业履行社会责任,披露社会责任信息的直接动因,要使企业披露社会责任信息还是要靠企业自身利润的增长,竞争力的提高等,其次,政府干预可能本身存在一定的问题,政府对社会责任信息披露的监管力度还不到位,致使给予企业的社会责任信息披露和管理者的外部压力不够,企业就会漠视政府压力的存在。特别是地方政府,承担着本地区发展的任务,为了本地区的经济发展,成了理性的经济人,只注重本地区 GDP 和税收的增长,加上经济增长指标成了地方官员的考核指标,这样就使政府的干预偏离了社会责任,忽略了企业应该承担社会责任,甚至成了上市公司的保护伞,一些地方政府以牺牲环境为代价,甚至与企业合谋,致使政府干预对社会责任信息披露水平以及对管理者起不到积极的促进作用。再有可能的原因是,政府干预具有一定的权威性,政府能够利用其地位对企业产生影响,在政府干预下,上市公司纷纷在社会责任报告中发布社会责任信息,可以在形式上应付上级主管部门,这样就会使高水平社会责任的公司与低水平社会责任的公司混同,因此,从形式上看,在政府的干预下,样本公司都发布社会责任信息,但从实质上看,社会责任信息披露水平高低混在一起,并未对社会责任信息披露水平产生积极的影响。

5.3　本章小结

　　本章通过实证分析方法,检验了社会责任信息披露水平是否受到外部压力的影响,也就是是否受到合法性压力、制度压力、政府干预的影响。结果表明,上市公司的社会责任信息披露水平受到合法性压力、制度压力的影响。对于合法性压力选择了两个替代变量,一个是社会信任度,另一个是是否属于重污染行业。社会信任度这个替代变量显示出与社会责任信息披露水平显著的相关关系,社会信任度越高,公司面临的合法性压力也就越大,因此公司的社会责任信息披露水平也就越高。而合法性的另一个替代变量并未表现出与社会责任信息披露水平显著的相关关系。可能的原因是是否属于重污染行业这个变量并不能完全替代合法性压力这个变量。是否属于重污染行业作为合法性压力的替代变量,只能代表合法性压力的一部分,就会失去一部分解释能力,从前面的理论分析可以知道,在合法性压力的作用下,上市公司社会责任信息披露水平高,那么不论是重污染行业还是非污染行业,当面临这种压力时,都会披露社会责任信息。同时给予企业的制度方面的压力越大,出台的关于约束社会责任信息披露方面的制度越多,企业面临的压力也就越大,因此企业披露社会责任信息也就越多,水平相应也就越高。

　　同时还用逻辑回归的方法验证了在外部压力的作用下,管理者的社会责任态度。回归结果表明,社会责任信息披露水平越高的公司,管理者的社会责任态度越积极。制度压力越大,管理者迫于遵守规章制度的考虑,态度也越积极。合法性压力越大,也就是公司的社会信任度越高,管理者的社会责任态度也就越积极。

　　综上,本章运用多元回归和逻辑回归方法,检验了在外部压力的作用下,社会责任信息披露水平与管理者的社会责任态度之间的关系。研究表明在制度压力和合法性压力的作用下,社会责任信息披露水平越高,管理者的社会责任态度越积极。政府干预未表现出与社会责任信息披露水平和管理者的显著关系。结果表明,要想让上市公司在短期内披露社会责任信息,就要给予上市公司在制度层面的约束,还要提高社会公众的自我保护意识,同时加强政府对企业披露社会责任信息方面的监管。这样企业在面对这些压力的情况下,就会披露社会责任信息,提高社会责任信息披露的水平。

第6章　公司绩效对社会责任信息披露的影响分析

本章将研究公司绩效,即公司财务绩效和社会绩效对社会责任信息披露的影响,社会责任信息披露水平是否会受到公司绩效的影响,以及两者是否存在交互作用。

6.1　研究假设

6.1.1　公司财务绩效与社会责任信息披露

哈佛大学商学院教授林恩·佩因(2004)认为,不久前类似于安全、质量、多样性、环境责任等方面的考虑还被人们认定是无力承担的奢侈品,而在今天,产品以及安全通常被作为竞争优势的来源。从价值观的角度来看,很多企业主管开始相信公司的道德立场是有回报的,这种回报不仅仅只是隐喻意义上的[①]。企业履行社会责任并及时地披露社会责任信息可以提升企业的公众形象,得到社会广泛的认可。公司的管理者们开始认为坚持某种道德立场并尊重他人的利益,事实上确实可以以美元现金的形式得到兑现。McWilliams 与 Siegel(2001)曾说过,如果社会对企业社会责任行为有足够的需求,并且满足这些需求可以为企业创造利润,那么企业就应该承担社会责任。"美国的 DePaul 大学 2002 年研究发现,有良好社会

---

① 林恩·佩因著;杨涤等译.公司道德:高绩效企业的基石[M].北京:机械工业出版社,2004.

责任声誉的企业比一般的企业有更高的销售收入①"。企业履行社会责任披露社会责任信息能给市场传递一种企业是有责任感的企业,给社会公众一个良好的印象,进而刺激消费者的购买行为,提高企业的市场份额、提高企业的市场竞争力,同时会得到比其他竞争对手更多地消费者,这样会使销售额增加,企业收入增加,当社会公众对企业的好感转化为消费者的消费选择时,消费者会用手中的货币作为自己的选票,企业积极地披露社会责任信息这一明智之举就成为企业的利润源泉了。因此,披露社会责任信息可以提高企业的财务绩效,因此本章要求证的假设是:

H1a:上市公司的社会责任信息披露水平越高,公司财务绩效越好。

Roberts,R. W. (1992) 认为,如果企业盈利能力比较好,其会更多地支持社会责任方面的活动,进而更多地进行社会责任信息的披露。资源提供假说认为,公司愿意表现出具有社会责任感,而社会责任感要通过实际行动来验证,而公司要进行实际的社会责任行动,就要具有足够的资源,所以企业的社会责任履行与否会受到公司财务绩效的影响。每个公司可能都希望自己具有社会责任感,但是这些公司要实现这个愿望并采取实际的社会责任行动要受到公司资源的约束。因此,财务绩效比较好的企业才会有资源履行社会责任披露社会责任信息,进而形成良性的循环,表明企业并不是只考虑自身的发展,还考虑了利益相关者的需求,在增加自身经济效益的同时也使整个社会财富增加。而企业要取得长足的发展,必须考虑各利益相关者的需求,这样才能在长期的发展中立于不败之地。企业勇于承担社会责任并及时地披露社会责任信息可以增加企业的经济绩效,企业经济效益的提高,将成为企业披露社会责任信息的内在动因。Bowman 和 Haire(1975)用净资产收益率来衡量公司的财务绩效,结果表明净资产收益率与公司的信息披露存在正相关关系。Bowman(1978) 的研究表明社会责任信息披露与财务绩效存在正相关关系。因此本章要求证的假设是:

H1b:上市公司的财务绩效越好,社会责任信息披露水平越高。

6.1.2 公司社会绩效与社会责任信息披露

企业在本质上是以盈利为目的,企业通过购买固定资产、研发无形资产、招聘人才是一种资本投入的形式,而企业履行社会责任也是一种资本的投入形式,然而任何投入都是想使效率达到最大化,事实上,企业承担社会责任并披露社会责任信

---

① 财政部会计司.企业内部控制规范讲解[M].北京:经济科学出版社,2010.

息是有回报的,提升利益相关者对企业的外部评价就是对企业最好的回报,也就是提升企业的社会形象,也就是提高企业的公司绩效。

信号传递理论认为,当企业勇于承担社会责任,并及时地披露社会责任信息,会向市场传达企业是负责任的,进而提高企业的社会形象,而良好的社会形象会形成公司的无形资产,提升社会公众对企业的外部评价,进而增加企业的社会绩效。Carol A. Adams(2008)研究发现,企业披露社会责任报告最大的驱动力是为了使利益相关者提高对企业的赞誉,并提升企业社会形象,而且如果对负面信息进行披露将更加有助于提升企业的形象。在激烈的市场竞争中,企业的社会形象、社会公众对企业品牌的忠诚和对企业的信赖无疑是企业最宝贵的财富、最稀缺的资源,而良好的社会形象是企业的无形资产,提高企业品牌的美誉度,提高企业的外部评价。通过广告宣传可以提升企业的社会形象,但需要经过比较长的时间,而且耗资比较巨大,而企业通过履行社会责任提高社会形象是当下企业的明智之举。由此提出以下假设:

H2a:上市公司社会责任信息披露水平越高,公司的社会绩效越好。

而企业社会绩效的提高,得到社会公众的认可、认同,对企业有良好的评价,觉得企业是有社会责任感的,而企业得到社会公众的信任后,会更积极地披露社会责任信息,一方面来维护其已经塑造的形象,另一方面会真正地负起社会责任,觉得要对利益相关者负责,对利益相关者的信任负责,因此会更加积极地披露社会责任信息。因此要求证的假设是:

H2b:上市公司的社会绩效越好,社会责任信息披露水平越高。

6.1.3　公司规模与社会责任信息披露

Foster(1986)指出,社会责任信息披露研究中,显著性最一致的变量就是公司规模。研究发现,首先规模较大的公司无论是从人力、物力和财力上具备更多可用资源,规模大的公司会履行社会责任,而且会披露更多的信息,规模较小的公司也可能不需要通过年报、社会责任报告或者其他正规渠道与股东沟通有关其社会责任信息。因此很可能大公司会勇于承担社会责任并披露社会责任信息。其次,规模较大的公司会比小公司受到更多的关注,如政府、媒体、环保组织、其他组织等。因此规模大的公司为了避免受到政府的惩罚,会披露更多的社会责任信息,表明自己是个负责任的企业。因此,要求证的假设是:

H3a:上市公司社会责任信息披露水平与公司规模正相关。

通常,企业规模越大,企业的实力越强,越有资源和能力履行社会责任,并披露社会责任信息,这样就会使企业的信誉越强,给外部利益相关者一个好的印象,提高在利益相关者心目中的形象,觉得这个企业是负责任的,利益相关者对企业的评价就会提高,进而增强企业的社会绩效。

企业形象的提高,利益相关者会做出对企业有利的决策,如增加购买行为、投资行为、供应行为、增加员工的忠诚度、增加政府的支持等,进而增加企业的竞争力,增强企业的财务绩效,因此提出以下假设:

H3b:上市公司的财务绩效与公司规模正相关。

H3c:上市公司的社会绩效与公司规模正相关。

6.1.4　资产负债率与社会责任信息披露

资产负债率反映了企业财务风险的水平,资产负债率越高,说明企业的财务风险越高,企业在自身发展的同时,应该关注利益相关者的利益,尤其是债权人的利益,债权人期望企业的资产负债率能保持在合理的范围,这样就有足够的能力保证其贷款的安全,债权人的利益才能得到保护。如果公司资产负债率较高,自身的还债压力比较大,可能也没有精力关注企业的社会责任活动并披露社会责任信息。公司的资产负债率越高,可能履行的社会责任活动越少,进而披露的社会责任信息就少,Meguire 等(1988)研究发现公司资产负债率与社会责任信息披露存在负相关关系。根据上述分析,本章要求证的假设是:

H4a:上市公司的社会责任信息披露水平与资产负债率负相关。

如果企业资产负债率过高,企业的偿债压力大,增加了企业的负担,进而影响企业的财务绩效。同时,公司的资产负债率过高,债权人的利益得不到应有的保护,会影响公司在债权人和潜在的债权人心目中的形象,这样会影响利益相关者对企业的外部评价,进而影响企业的社会绩效,因而提出以下假设:

H4b:上市公司的财务绩效与公司资产负债率负相关。

H4c:上市公司的社会绩效与公司资产负债率负相关。

6.1.5　国有股权结构与社会责任信息披露

Joyce van der Laan Smith、Ajay Adhikari、Rasoul H. Tondkar(2005) 认为,国家控股的企业和国有股权所占比重大的企业会有更多的压力履行社会责任并披露社会责任信息。股权结构对于上市公司的社会责任信息披露水平是比较重要的。国有股权比重不同,社会责任信息披露水平和社会绩效可能存在不同。由于我国传统经济体制的原因,国有股权所占比重大的企业被赋予比其他性质的企业更多的社会责任,国有股权比重大的企业,在履行社会责任披露社会责任信息时会考虑各利益相关者的利益,会从整个社会的大环境出发,因此在决策时会考虑社会的整体利益。因此,国有股权比重越大的公司相对于国有股权比重小的公司、外资公司、民营公司等,可能更多地承担社会责任并披露社会责任信息,因此,基于上述分析,本节要求证的假设是:

H5:国有股权占比重比较大的上市公司,社会责任信息披露水平会更高。

6.1.6　公司治理结构与社会责任信息披露

公司治理是企业社会责任得以实施的重要途径,企业社会责任则能够推动公司治理的有效改善与良性发展(王长义,2007)。董事会和监事会规模影响着公司的社会责任和社会责任信息披露,两者将通过激励与约束机制影响经营者的管理行为,进而其规模的大小,是会影响到利益相关者利益的实现的。独立董事在维护中小投资者和公司利益方面起到了比较积极的作用,独立董事根据股东和公司的利益监督公司的管理层,利用他们的诚实和能力去审视公司的战略和决策,Fama和 Jenson(1983)认为董事会中独立董事比例越高,将越有利于监督和限制经营者的机会主义行为。因此,董事会规模、监事会规模和独立董事在董事会中的比例越高,对于企业社会责任信息披露的战略和决策起到的作用越重要。本节要求证的假设为:

H6:董事会规模、监事会规模和独立董事在董事会中的比例与企业社会责任信息披露水平呈正相关关系。

6.2　实证分析及其结果

6.2.1　描述性统计分析

本节对主要变量进行了描述性统计,如表 6-1 所示。

表 6-1　主要变量的描述性统计

变量	样本数	最大值	最小值	均值	中位数	标准差
Csp	336	71.68	15.20	28.45	26.79	8.40
Roe	336	1.03	−0.56	0.11	0.10	0.15
Roe_{-1}	336	0.85	−0.15	0.17	0.15	0.12
Board	336	29	4	13.25	12	4.35
Sup	336	18	1	5.47	5	2.64
Indrate	336	0.63	0.16	0.36	0.35	0.08
State	336	0.86	0	0.29	0.30	0.23
Size	336	12.08	8.37	9.72	9.67	0.59
Ind	336	1	0	0.46	0	0.50
Lar	336	1.84	0.04	0.49	0.50	0.20

　　从表 6-1 可以看出,①社会绩效的最大值为 71.68,最小值为 15.20,说明各企业的社会绩效在企业间的差异比较大,而社会责任绩效的均值为 28.45,说明社会绩效的总体水平不高,而且在 336 个企业中,社会绩效最大的也没有达到 90,说明上市公司社会绩效总体还是比较低。②从 08 年的净资产收益率来看,最大值为 1.03,最小值为−0.56,从 2007 年的净资产收益率来看,最大值为 0.85,最小值为−0.15,说明各个企业的净资产收益率差异比较大。③从董事会规模、监事会规模和独立董事比例可以看出,董事会规模最大的为 29,最小的为 4,监事会规模最大的为 18,最小的为 1,可以看出,各公司董事会和监事会规模差异较大。独立董事比例最大的为 0.63,最小的为 0.16。④从国有股权比例可以看出,最大值为 0.86,最小值为 0,说明国有股权在各公司中所占比重差异也比较大。⑤对于公司规模,最大的为 12.08,最小的为 8.37,相对来说,差异不是很大。⑥从是否属于重污染行业的角度看,重污染企业占整个样本的 45.54%。⑦从资产负债率可以看出,最大值为 1.84,最小值为 0.04。

6.2.2　相关性分析

　　本节对研究变量的相关关系进行分析,结果如表 6-2 所示。

表 6-2　研究变量的相关性检验

	Sdi	Csp	Roe	Roe$_{-1}$	Board	Sup	Indrate	State	Size	Ind	Lar
Sdi	1										
Csp	0.459 * *	1									
Roe	0.325 * *	0.044	1								
Roe	0.160	−0.016	0.419 * *	1							
Board	0.000	0.92	−0.093	−0.140 *	1						
Sup	0.043	0.081	−0.029	−0.014	0.515 * *	1					
Indrate	0.066	−0.050	0.066	0.069	−0.169 * *	−0.121 *	1				
State	0.236 * *	0.192 * *	−0.062	−0.077	0.165 * *	0.256 * *	−0.052	1			
Size	0.267 * *	0.375 * *	0.011	0.091	0.211 * *	0.167 * *	0.035	0.355 * *	1		
Ind	0.093	0.110 *	0.023	0.076	0.064	0.058	0.034	0.049	0.089	1	
Lar	−0.052	−0.003	−0.181 * *	−0.095	0.115 *	0.062	−0.076	0.22	0.300 * *	0.012	1

注：*、* * 分别表示两个变量在 5％、1％ 的水平上显著相关

从表 6-2 可以看出，社会责任信息披露水平与公司财务绩效在 1％ 的水平上显著正相关，与假设 H1a、H1b 的理论预期相符。国有股权比例与社会责任信息披露指数也在 1％ 的水平上显著正相关，与假设 H5 的理论预期相符。而且 2007 年的净资产报酬率与 2008 年的净资产报酬率在 1％ 的水平上正相关。公司规模与社会责信息披露水平在 1％ 的水平上显著正相关，而是否属于重污染行业、资产负债率、董事会规模、监事会规模、独立董事比例与社会责任信息披露水平没有显现出显著的相关关系。

社会责任信息披露水平与社会绩效在 1％ 的水平上显著正相关。与假设 H2a、H2b 的理论预期相符。公司规模与社会绩效也在 1％ 的水平上显著正相关，与假设 H3c 的理论预期相符。是否属于重污染行业与社会绩效在 5％ 的水平上显著正相关。董事会规模、监事会规模、独立董事比例均未表现出与社会绩效的显著相关关系。

6.2.3 模型的建立

本节试图分析社会责任信息披露水平是否与公司绩效具有交互作用,因此,本节提出公司财务绩效和社会绩效联立两组方程组,第一个方程组中,第一个方程的被解释变量是社会责任信息披露水平(Sdi);用公司财务绩效、董事会规模(Board)、监事会规模(Sup)、国有股权比例(State)、独立董事比例(Indrate)、2007年净资产收益率(Roe)、资产负债率(Lar)作为解释变量,公司财务绩效用2008年净资产收益率(Roe)来表示。用公司规模(Size)、是否属于重污染行业(Ind)、2007年净资产收益率(Roe)作为控制变量。

第二个方程的被解释变量是公司的财务绩效,用2008年净资产收益率(Roe)、社会责任信息披露水平(Sdi)、董事会规模(Board)、监事会规模(Sup)、国有股权比例(State)、独立董事比例(Indrate)、财务杠杆(Lar)作为解释变量,用公司规模(Size)、是否属于重污染行业(Ind)、2007年净资产收益率(Roe_{-1})作为控制变量。

$$Sdi = \alpha + \beta_1 Roe + \beta_2 Roe_{-1} + \beta_3 Sup + \beta_4 Lar + \beta_5 Indrate +$$
$$\beta_6 State + \beta_7 Board + \beta_8 Size + \beta_9 Ind + 1 \tag{6.1}$$

$$Roe = \alpha + \beta_1 Sdi + \beta_2 Roe_{-1} + \beta_3 Stup + \beta_4 Lar +$$
$$\beta_5 Indrate + \beta_6 State + \beta_7 Board + \beta_8 Size + \beta_9 Ind + v \tag{6.2}$$

第二个方程组中,第一个方程的被解释变量是社会责任信息披露水平(Sdi);用社会绩效(Csp)、董事会规模(Board)、监事会规模(Sup)、国有股权比例(State)、独立董事比例(Indrate)作为解释变量,公司规模(Size)、是否属于重污染行业(Ind)作为控制变量。第二个方程的被解释变量是公司的社会绩效(Csp);用社会责任信息披露水平(Sdi)、董事会规模(Board)、监事会规模(Sup)、国有股权比例(State)、独立董事比例(Indrate)作为解释变量,公司规模(Size)、是否属于重污染行业(Ind)作为控制变量。

$$Sdi = \alpha + \beta_1 Csp + \beta_2 Sup + \beta_3 Indrate + \beta_4 State +$$
$$\beta_5 Board + \beta_6 Size + Ind \beta_7 Ind + u \tag{6.3}$$

$$Csp = \alpha + \beta_1 Sdi + \beta_2 Stup + \beta_3 Indrate + \beta_4 State +$$
$$\beta_5 Board + \beta_6 Size + Ind \beta_7 Ind + v \tag{6.4}$$

对模型中所涉及的变量的具体描述如表6-3所示。

表 6-3　研究变量的定义

变量	符号	定义
社会责任信息披露指数	Sdi	简单定性披露、详细定性披露、定量披露、负面信息赋值 1，无信息赋值 0，取值范围在 0～20 之间
财务绩效	Roe	2008 年净利润/2008 年平均净资产
社会绩效	Csp	润灵环球责任评级公布的上市公司社会责任报告评价结果
2007 年的财务绩效	Roe_{-1}	2007 年净利润/2007 平均净资产
国有股权比重	State	国有股权所占比重
董事会规模	Board	董事会人数
监事会规模	Sup	监事会人数
独立董事比例	Roa	独立董事人数/董事会人数
财务杠杆	Lar	负债/资产
公司规模	Size	公司年末总资产的自然对数
是否属于重污染行业	Ind	如属重污染行业为 1，否则为 0

6.2.4　模型估计与检验

6.2.4.1　独立样本 T 检验

在进行回归之前，首先本章按照社会责任信息披露水平将样本划分成两组，低于均值的样本作为组 1，高于均值的样本作为组 2。对分组进行独立样本 T 检验，分析社会责任信息披露水平是否受到公司绩效的影响，如表 6-4 所示。

表 6-4　社会责任信息披露水平分组 T 检验

	Group1：水平＝1	Group2：水平＝2	Group1 vs Group2
	Mean	Mean	P value
Roe	0.115	0.116	0.879
Roe_{-1}	0.109	0.110	0.043＊＊
Csp	24.59	34.71	0.000＊＊＊
Obs	208	128	

注：＊＊＊表示在 1％水平上显著，＊＊表示在 5％水平上显著，＊表示在 10％水平上显著

表 6-4 表示当不考虑公司治理结构以及公司特征等控制变量时，公司绩效是否影响社会责任信息披露水平。第一，在公司前一年的财务绩效方面，不同的社会责任信息披露水平的企业之间的前一年的财务绩效并不存在太大的差异。两个指标组的显著性水平只有 0.879。第二，在公司当年的财务绩效方面，说明公司当年

的财务绩效水平越高,社会责任信息披露水平就越高。第三,在公司的社会绩效方面,说明公司的社会绩效越高,其社会责任信息披露水平就越高。

因此,从社会责任信息披露水平按均值分组来看,公司当年的财务绩效越高,社会责任信息披露水平越高,假设 H1b 得到验证。公司前一年的公司财务绩效在不同行业的企业之间并不存在显著的差异。公司的社会绩效越高,社会责任信息披露水平就越高,假设 H2b 得到支持。

6.2.4.2 回归分析

为了进一步分析社会责任信息披露水平是否会受到公司财务绩效的影响,本章运用 Eviews5.0,用二阶段最小二乘法对社会责任信息披露水平与公司财务绩效进行估计。检验两者是否具有交互作用。

表 6-5 财务绩效与社会责任信息披露水平的第一个方程回归结果

解释变量	模型 6.1
C	0.633
	(0.602)
Roe	2.685 * * *
	(5.735)
Roe_{-1}	0.056
	(0.101)
Board	−0.009
	(−0.565)
Sup	−0.005
	(−0.172)
Indrate	0.481
	(0.661)
State	0.970 * * *
	(3.431)
Lar	−0.344
	(−1.071)
Size	0.440 * * *
	(3.777)
Ind	0.143
	(1.191)
F 值	9.906 * * *
Adj. R	0.194

注:＊＊＊表示在1％水平上显著,＊＊表示在5％水平上显著,＊表示在10％水平上显著,括号内为 T 值

表 6-6　财务绩效与社会责任信息披露水平的第二个方程回归结果

解释变量	模型 6.2
C	−0.019
	(−0.160)
Sdi	0.323 * * *
	(5.812)
Roe_{-1}	0.348 * * *
	(6.949)
Board	−0.010
	(−0.167)
Sup	0.008
	(0.143)
Indrate	0.003
	(0.055)
State	0.092
	(1.728)
Lar	−0.127 * * *
	(−1.071)
Size	−0.006
	(−0.105)
Ind	−0.016
	(0.341)
F 值	12.383 * * *
Adj. R	0.254

注：＊＊＊表示在 1％水平上显著，＊＊表示在 5％水平上显著，＊表示在 10％水平上显著，括号内为 T 值

上述方程组是可识别的，从表 6-5、表 6-6 的回归结果可以看出，社会责任信息披露水平和公司财务绩效是被联合决定的。公司财务绩效越好，企业披露的社会责任信息越多，而企业披露的社会责任信息水平越高，企业的财务绩效越好。通过表 6-5 还可以看出，公司财务绩效的参数估计值在 1％的水平上显著为正，说明企业的社会责任信息的披露水平随着公司财务绩效的提高而显著增强，假设 H1b 得到支持。

公司规模的参数估计值在联立方程组的第一个方程中在1%的水平上显著为正,说明公司的社会责任信息的披露水平会随着公司规模的增加而显著提高,假设 H3a 得到支持。在第二个方程中未显示出公司规模与公司的财务绩效显著的相关关系,假设 H3b 并未得到支持。

国有股权比例与社会责任信息披露水平在1%的水平上显著,假设 H5 得到支持。说明国有股权比重大的企业,在履行社会责任并披露社会责任信息时会考虑各利益相关者的利益,会从整个社会的大环境出发,因此在决策时会更多地考虑社会的整体利益。

对于上市公司是否属于重污染行业,回归结果表明,是否属于重污染行业变量虽然符号为正,但并未显示出与社会责任信息披露水平显著的相关关系。

而公司的资产负债率在第一个方程中回归系数为负,并且不显著,假设 H4a 没有得到支持。在联立的第二个方程中回归系数为负,与公司的财务绩效在5%的水平上显著负相关,说明资产负债率越高,公司的财务绩效越差,H4b 得到验证。

在第二个方程中,公司2007年的财务绩效和本年的财务绩效在1%的水平上显著正相关。说明前一年的公司财务绩效越高,则企业当年的财务绩效就越高。也就是说,企业前一年的绩效越好,为第二年奠定了良好的基础。而在第一个方程中,公司2007年的净资产收益率并未表现出与社会责任信息披露的显著相关关系。说明公司前一年的财务绩效对公司当年的社会责任信息披露水平并没有影响。

在两个方程中,董事会规模、监事会规模、独立董事比例都未显示出与社会责任信息披露水平的相关关系,H6 并未得到支持。

接下来,为了进一步分析社会责任信息披露水平是否会受到公司社会绩效的影响,本书运用 Eviews5.0,用二阶段最小二乘法对社会责任信息披露水平与公司社会绩效联立方程组进行估计。考察两者是否具有交互作用。最终回归估计结果如表6-7、表6-8所示。

通过表6-7、表6-8的回归结果,可以看出上述方程组是可识别的,社会责任信息披露水平和公司社会绩效是被联合决定的。在第一个方程中公司社会绩效的参数估计值在1%的水平上显著为正,表明公司的社会绩效越高,企业的社会责任信息披露水平就越高,假设 H2b 得到支持。在第二个方程中,社会责任信息披露水平的参数估计在1%的水平上显著为正,说明上市公司的社会责任信息披露水平越高,企业社会绩效越好,假设 H2a 得到支持。说明两者是联合决定的。

表 6-7　社会绩效与社会责任信息披露水平的第一个方程回归结果

解释变量	模型 6.3
C	1.937 *
	(1.899)
Csp	0.059 * * *
	(7.898)
Board	−0.019
	(−1.181)
Sup	0.001
	(0.056)
Indrate	1.146
	(1.619)
State	0.753 * * *
	(0.267)
Size	0.141 * * *
	(2.149)
Ind	0.086
	(0.733)
F 值	15.584 * * *
Adj. R	0.234

注：* * *表示在 1%水平上显著，* *表示在 5%水平上显著，*表示在 10%水平上显著，括号内为 T 值

公司规模的参数估计值在联立方程组的第一个方程中显示出与社会责任信息披露水平在 1%的水平上的相关关系，假设 H3a 得到支持。在第二个方程中公司规模与公司的社会绩效在 1%的水平上显著正相关，说明公司规模越大，公司的社会绩效越好，假设 H3c 得到支持。

国有股权比例与社会责任信息披露水平在 1%的水平上显著，与第一个方程组得到的结论是一致的。对于上市公司是否属于重污染行业，第一个方程的回归结果表明，是否属于重污染行业变量虽然符号为正，但并未显示出与社会责任信息披露水平显著的相关关系，与第一个方程组得到的结论是一致的。

表 6-8　社会绩效与社会责任信息披露水平的第二个方程回归结果

解释变量	模型 6.4
C	−20.606 * * *
	(−3.015)
Sdi	2.704 * * *
	(7.898)
Board	0.034
	(0.315)
Sup	0.003
	(0.014)
Indrate	8.485 *
	(1.776)
State	0.224
	(0.121)
Size	3.776 * * *
	(5.135)
Ind	0.913
	(1.153)
F 值	19.017 * * *
Adj. R^2	0.274

注：* * *表示在 1%水平上显著，* *表示在 5%水平上显著，*表示在 10%水平上显著，括号内为 T 值

在第一个方程中，董事会规模、监事会规模、独立董事比例都未显示出与社会责任信息披露水平的相关关系，与第一个方程组的结论是一致的。在第二个方程中，董事会规模、监事会规模，同样没有显示出与公司社会绩效的相关关系，说明董事会规模和监事会的规模对公司的社会绩效没有影响，而独立董事的比例与公司的社会绩效在 10%的水平上显著正相关，说明独立董事所占的比例越大，公司社会绩效就越好，说明独立董事能够利用自己的专业知识对董事会的决策提出建议，尤其是履行社会责任方面的建议，进而对公司社会绩效的提高起到了积极的作用。

6.2.5　实证结果及其讨论

综上,本章通过联立两个方程组,分析我国上市公司的社会责任信息披露水平是否受到公司绩效的影响,得到如下基本结论:①社会责任信息披露水平和公司的财务绩效具有交互作用。公司的社会责任信息披露水平越高,公司的财务绩效越好,也就是说企业履行社会责任披露社会责任信息,能够给利益相关者良好的印象,认为企业是负责任的企业,进而在购买商品、提供货物、政府支持、员工忠诚度方面都会有所改善,还会降低交易成本、经营费用,因此会提升公司的财务绩效。同时公司的财务绩效越高,公司就越有能力和资源去履行社会责任并披露社会责任信息,公司社会责任信息披露水平也越高,进而形成良性循环。能够使企业从履行社会责任披露社会责任信息得到公司财务绩效提高的好处,使企业主动披露社会责任信息。②社会责任信息披露水平与公司的社会绩效具有交互作用。公司的社会责任信息披露水平越高,社会绩效就越好,而公司的社会绩效越好,公司的社会责任信息披露水平就越高。公司的社会绩效主要注重对公司的外部评价,也就是说公司履行社会责任并及时地披露社会责任信息,给外部利益相关者良好的企业形象,进而提升利益相关者对企业的评价,企业的社会绩效就会越高,而对企业的外部评价越好,越认为企业是具有社会责任感的,是个值得信赖的企业。企业在这种力量的推动下,本着对整个社会和利益相关者负责的原则,就会更加积极地披露社会责任信息。所以企业从履行社会责任披露社会责任信息中得到社会绩效提升的好处,因此会更加积极主动地披露社会责任信息。③社会责任信息披露水平总体较低,通过社会责任报告的统计结果可以看出,得分最高的为 18 分,最低的为 4 分,平均分不到 10 分,说明上市公司总体的社会责任信息披露水平较低,还没有认识到披露社会责任信息给企业带来的好处。④社会责任信息披露水平受到公司规模的影响。规模大的上市公司会披露更多的公司社会责任信息。大公司为了在社会公众面前树立良好的公司形象,会乐意积极披露公司社会责任信息。公司规模是影响社会责任信息披露水平的重要因素。同时规模大的公司,社会绩效高,规模大的公司为了树立良好的社会形象,因此披露更多的社会责任信息,这样外部评价就好,公司的社会绩效就高。⑤国有股权比例对社会责任信息披露水平具有显著的影响,国有股权比例越高,社会责任信息披露水平就越高,说明国有股权比例高的企业,国家赋予企业一定的社会责任,如要保持一定的就业率等,同时也说明国有股权比重大的企业在自身行为方面比较慎重,尽可能避免履行社会责任不到位的问题。受到我国原来传统经济体制的影响,政府通常是通过国有股权所占比重的大企业行使社会职能的,因此国有企业承担着更多的社会责任。同时通常国有股权比重大的企业的领导人是由政府来任免的,对这些人的考核除了考察经济业绩,还会注重这些企业在社会上的影响,尤其是一些负面影响,如失业率、环境污染等社会责任问题,因此,这些领导人尽可能使企业避免不良的社会影响,会履行更多的社会责任,会更多地披露社会责任信息。⑥是否属于重污染行业并未显示出与社会责任信息披露水平显著的影响。⑦而资产负债率并未表现出对社会责任信息披露水平有显著影响。而与公司的财务绩效显著负相关,也就是公司的资产负债率越高,公司的财务绩效越差,由于资产负债率越高,企业的偿债压力越大,进而影响到公司的财务绩效。⑧董事规模、监事会规模、独立董事比例均未显示出对社会责任信息披露的显著影响,也未显示出对公司财务绩效的影响。对于公司的社会绩效,只有独立董事比例显示出对公司绩效的影响,而董事会规模、监事会规模也未显示出对公司社会绩效的影响。独立董事比例对公司的社会绩效有影响,说明独立董事能够利用自己的专业知识,独到的对事物的洞察力为公司的决策提出建议,尤其是公司社会责任以及信息披露方面的决策,进而能够对企业的社会绩效产生积极的影响。

关于与假设一致的结论已经说明,下面将对与研究假设不一致的结果进行解释。①是否属于重污染行业对社会责任信息披露水平并没有显著的影响,说明我国的重污染行业可能还没有认识到披露社会责任信息的重要性,知道自己可能会对环境造成影响,怕披露之后引起恐慌,影响自己的公司形象,继而影响公司的市场占有率、影响公司的财务绩效等,因此并不披露对企业不利的社会责任信息,还有可能使非污染企业已经意识到披露社会责任信息的重要性,认为积极主动地披露社会责任信息会给企业带来形象的提升,因此披露的信息多,这样是否属于重污染企业对社会责任信息披露水平就没有显著的影响。②董事会规模、监事会规模、独立董事比例对社会责任信息披露水平未显示出显著的影响,可能的原因,一是说明我国上市公司社会责任信息披露的内在动力还不足,也就是社会责任信息披露还缺乏原动力,二是我国公司外部治理环境还存在一些不完善的地方,而内部治理环境的一些停留在表面上的东西并不能改变公司实质上存在的问题,所以影响公司的社会责任信息披露水平。董事会规模、监事会规模以及独立董事比例也未显示出对公司财务绩效的显著影响,这可能是由于我国资本市场的有效性不强,上市公司股权结构不合理,国有股权一股独大,监事会作用比较有限,并且独立董事在制度设计上还存在的问题,独立董事的独立性还难以得到保障,因此对公司的财务绩效没有明显的作用。董事会规模、监事会规模均未显示出对公司社会绩效的影响。还是说明我国资本市场的有效性不强,内部治理结构还停留在表面层次上,并不能改变公司的实质问题,所以对公司的社会绩效没有起到作用。③资产负债率未对上市公司社会责任信息披露水平显示出显著的影响。说明资产负债率的高低并不影响企业披露社会责任信息,如果企业是负责任的企业,不管资产负债率是高是低,本着对利益相关者负责任的态度,本着对社会负责任的态度,都会披露社会责任信息。

6.3　本章小结

　　本章通过实证分析的方法检验了社会责任信息披露水平是否受到公司绩效的影响,即是否受到公司财务绩效、社会绩效的影响。本章通过二阶段最小二乘法验证了上市公司的社会责任信息披露水平与公司的财务绩效、社会绩效具有交互作用。也就是说,上市公司的社会责任信息披露水平越高,给利益相关者传递的关于企业履行社会责任的信息越多,利益相关者对公司的印象就会越好,公司的公众形象也就会越好,就会吸引更多的消费者、供应商、社区、政府、员工的支持,这样企业就会具有更大的优势参与企业的竞争,市场占有率就会越高,公司的生产和销售就会畅通,公司的财务绩效就越好,而公司的财务绩效越好,公司就会有资源和能力履行社会责任并披露社会责任信息,这样就会形成一个良性循环。

　　同时还验证了公司的社会绩效与公司的社会责任信息披露水平具有交互作用。公司的社会责任信息披露水平越高,越能消除信息的不对称,越能使利益相关者感受到企业是个负责任的企业,给利益相关者的印象就会越好,因此公司的外部评价也就越高,公司的社会绩效就越好。而公司的社会绩效越好,也就意味着公司是负责任的,是值得信赖的,因此上市公司自身感觉到一种荣誉感,一种责任感,应该不辜负公众的信赖和支持,会更加积极主动地披露社会责任信息,这样社会责任信息披露水平也就越高。

　　本章还验证了公司规模对社会责任信息披露的显著影响,事实上,公司规模越大,公司的资源和能力就相对来说越强,受到公众的关注也就越多,因此公司的社会责任信息披露水平也就越高。研究结果还表明,国有股权比例越高,公司的社会责任信息披露水平也就越高。但上市公司内部治理结构,如董事会规模、监事会规模、独立董事比例并未显示出对公司财务绩效的显著影响,同时董事会规模、监事会规模也未显示出对公司社会绩效的显著影响,这说明我国的资本市场发展还不完善,资本市场还缺乏有效性,同时在公司的外部治理环境不完善的情况下,内部治理环境还只停留在表面的层次上,因此,还没有起到应有的作用。资产负债率也未显示出对社会责任信息披露水平的显著影响,说明无论企业资产负债率如何,为了维护公司良好的形象,都会披露社会责任信息。与此同时,也验证了是否属于重污染行业与公司的社会责任信息披露水平也没有显著的相关关系,说明重污染行业还没有认识到披露社会责任信息给企业带来的好处,或者非污染行业已经积极主动地在披露社会责任信息。

通过分析可以知道,从长远来讲,要想使企业积极主动地披露社会责任信息,必须使企业认识到披露社会责任信息给企业带来的好处,也就是社会责任信息披露水平的提高,可以提高公司的社会绩效、财务绩效,可以使企业和社会利益相关者达到双赢。

总之,本章验证了社会责任信息披露水平与公司财务绩效和社会绩效的关系,得出的结论是公司积极主动地履行社会责任并披露社会责任信息,能够提高公司的财务绩效和社会绩效。

第7章 案例分析——以紫金矿业社会责任信息披露为例

近年来,有关社会责任的事件频有发生,如"三鹿奶粉事件""紫金矿业事件","双汇的瘦肉精事件"等,这些事件的共性是事件发生后,没有及时地披露相关的信息,致使造成的后果比较严重,企业只顾自身的发展,赚取利润,而忽略了利益相关者的利益,结果给社会和利益相关者造成巨大的损失。本章之所以选择紫金矿业作为本书的案例进行研究,是因为首先紫金矿业是个上市公司,相关的资料容易获得,其次,此次事件的影响比较大,泄漏事件发生后,延迟披露长达9天之久,给渔业养殖户造成了巨大的损失,紫金矿业作为资源类企业的巨头,得到了许多荣誉,人们通过此次事件对此表示怀疑,对其漠视国家的法律法规表示不解,而且对其处罚的力度也饱受争议,对地方政府和监管部门的放纵、纵容也表示不满,此次事件引起了社会的广泛关注,因此案例比较典型,用此案例研究社会责任信息披露能够说明问题,所以本章选择把紫金矿业作为本书的案例进行分析。本章想通过此案例,说明紫金矿业在面对外部压力也就是制度压力、政府干预、合法性压力时的反应,暴露出的问题以及此次事件是否对紫金矿业的公司绩效,也就是是否对紫金矿业的财务绩效和社会绩效产生影响。

7.1 背景介绍

紫金矿业集团股份有限公司是地处闽西革命老区上杭县的一家大型国有控股矿业集团,是中国最大的黄金生产企业,有中国第一大金矿之称,第二大矿产铜生产企业、第六大锌生产企业和中国控制金属矿产资源最多的企业之一,位居英国《金融时报》2009年度全球500强企业(市值)排行榜第243名、美国《福布斯》全球

2000 强企业第 1128 名。并在 2009 年由中国企业联合会、中国企业家协会联合组织的"2009 年度中国诚信企业"评选活动中,荣获"2009 年度中国最诚信企业"称号。2010 年 1 月 9 日,在全国人大会议中心举行了表彰大会,总裁助理吕文元代表集团公司出席了表彰大会并领取了荣誉证书。

就是这样一个得到如此殊荣的企业,发生了重大的环境污染问题。紫金山铜矿是紫金矿业旗下最大的铜矿。目前,紫金山金矿探明黄金储量约 200 吨,探明铜储量约 200 万吨,是紫金矿业的利润中心之一。2010 年 7 月 3 日下午,位于福建省上杭县的紫金矿业集团有限公司所属的紫金山(金)铜矿湿法厂发生铜酸水渗漏事故,9100 立方米的污水顺着排洪涵洞流入汀江,导致汀江部分河段污染及大量网箱养鱼死亡。造成渔业养殖户养殖的鱼类死亡损失价值人民币 2220.6 万元,福建省上杭县城区部分自来水厂停止供水 1 天,破网放生的鱼类达 3084.44 万斤,后果特别严重。此次事故渗漏废水主要为酸性废水,对水的污染主要集在 pH 和含铜量两项指标。污水含铜是汀江鱼大量死亡的主要原因,专家分析认为,铜矿湿法厂位于汀江古河道上,连续的降雨使现河床与旧河床间出现压力差,造成厂区溶液池区底部黏土层被掏空,致使污水池防渗膜多处开裂,渗漏事故由此发生。7 月 4 日,汀江上杭段多处水质监测出现 pH 的范围在 4.34~6.33 之间,酸性超过国家地表水Ⅲ类水质标准限值(6~9),不宜饮用。而在泄漏事故得到控制后,汀江上杭段各断面水质逐步改善,pH 回升至 6.65 左右,符合地表水Ⅲ类水质标准,但属性依然偏向酸性。喝偏酸性的水比较容易引起心血管病,癌症死亡率亦明显偏高。而铜作为一种重金属,在人体内很难代谢,具有很强的"累积效应",因而长期饮用铜元素超标的水,摄入铜过量,有可能造成中毒,包括急性铜中毒、肝豆状核变性、儿童肝内胆汁淤积等病症。事实上位于紫金山脚下的武平县中堡镇下村患癌症的人逐渐增多,可能与居民长期饮用金属含量偏多的水有关。此次污染事件,对当地生态环境、居民的健康来说,都是一场不容忽视的灾难。

然而,2010 年 7 月 3 日发生的废水外漏事故,作为上市公司的紫金矿业集团有限公司直到 7 月 12 日才对外公布。对此,紫金矿业总裁的解释是:一开始以为这是个小问题、小事故,把事情想简单了,最后发现是大问题时,已经来不及了,声称判断出现了失误①。紫金矿业证券部总经理赵举刚的解释是:"事情刚发生时,对事件的原因要尽快有一个判断,这个判断明确以后,传达给相关的群众,才不会

---

① 引自人民网,http://society.people.com.cn/BIG5/1063/12158495.html。

引起恐慌"[①]。也就是说,紫金矿业之所以迟报污染事故,完全是为了"维护社会稳定"。事实上,2003 年水利部就出台了《重大水污染事件报告暂行办法》,要求重大水污染事件报告要确保信息及时、内容准确,并明确规定"水污染直接损失在 10 万元以上"等情形必须上报。然而肇事企业不是积极采取措施善后、不是在第一时间向当地环保部门报告,以最大限度地减少污染造成的损失,而是企图掩盖事件的真相。

7.2　资料与数据来源

　　前文已经分析了上市公司的社会责任信息披露会受到外部压力的影响,并对上市公司社会责任信息披露与公司绩效的关系进行了实证分析,本章还想通过具体的案例说明上述两个问题。

　　本章选用单案例进行研究,主要目的是想通过具体的案例说明在存在外部压力的情况下对社会责任信息披露产生什么样的影响,以及在事情败露后,对公司的财务绩效和社会绩效产生什么样的影响。本章选用紫金矿业 2010 年 7 月 3 日有毒铜酸水渗漏事故作为案例进行分析。选择这个案例是因为它比较典型,此事件发生在 2010 年的 7 月 3 日,2010 年的 7 月 12 日才对外披露有毒物质泄漏,这种延迟披露导致汀江部分河段污染及大量网箱养鱼死亡,造成渔业养殖户养殖的鱼类死亡损失价值人民币 2220.6 万元,这个事故不仅给汀江两岸的居民带来健康和经济方面的损失,同时对于紫金矿业来说也是不小的损失,不仅受到罚款,同时还受到社会公众的谴责,损坏了企业的声誉。所以本章想通过此研究揭示在存在外部压力的情况下对社会责任信息披露产生什么样的影响,以及在最初不披露到披露又对公司的财务绩效和社会绩效产生什么样的影响。

　　本案例使用多种数据来源,在研究此案例过程中,访问了紫金矿业集团股份有限公司的网站,在互联网上查阅了关于紫金矿业有毒废水泄漏的资料和报道,同时本章在上海证券交易所网站查阅了紫金矿业 2010 年度社会责任报告,2010 年报以及公司公告,包括关于对国家环境保护部办公厅《关于上市公司环保核查后督查情况的通报》整改情况的公告、紫金矿业集团股份有限公司关于紫金山铜矿湿法厂

---

① 网易新闻,http://news.163.com/special/00014IT2/zjkyfsxlsg.html。

污水池突发渗漏环保事故的公告、紫金矿业集团股份有限公司第四届监事会第四次会议决议公告、紫金矿业集团股份有限公司关于中国证监会福建监管局专项核查的公告、紫金矿业集团股份有限公司关于紫金山铜矿湿法厂污水池突发渗漏环保事故进展情况公告、紫金矿业集团股份有限公司四届六次董事会(临时)决议公告、紫金矿业集团股份有限公司关于被立案调查的公告、紫金矿业集团股份有限公司停牌公告以及 2010 年 7 月 27 日和 7 月 28 日分别发布的公告、紫金矿业集团股份有限公司关于受到福建省环境保护厅行政处罚的公告、紫金矿业集团股份有限公司关于部分董事受到福建省环境保护厅行政处罚的公告等。通过上述资料和数据的收集,本章获取了大量的资料和数据。

7.3 案例分析及启示

在此案例中,紫金矿业集团有限公司 2010 年 7 月 3 日发生的有毒物质泄漏,而在 2010 年 7 月 12 日才对外披露,延迟披露此项信息长达 9 天之久,延迟披露的后果导致汀江部分河段污染及大量网箱养鱼死亡,造成渔业养殖户养殖的鱼类死亡损失价值人民币 2220.6 万元,如果及时披露有毒物质泄漏的信息可以避免渔业养殖户的损失,紫金矿业给予的说法是怕披露后引起恐慌,而这种瞒报、延迟披露也直接损害了投资者的利益。而在 2009 年年报的展望里清楚地写道坚持'和谐创造财富,企业、员工、社会协调发展'的企业价值观,要重视和提高社会责任意识,努力帮助项目所在地群众改善生产、生活和教育条件,构建和谐矿山,带动地方经济和社会事业的共同发展①。然而在这个展望发布不足一年的时间里,给当地的群众带来了什么呢,我们不禁要问,诚信在哪里? 社会责任意识提高在哪里呢? 帮助当地群众改善生产、生活条件又体现在哪里呢? 不仅给当地的渔业养殖户造成了巨大的损失,同时还影响了当地的饮用水,当地居民竟然不敢喝自来水。

---

① 引自紫金矿业 2009 年年报。

7.3.1　案例分析

7.3.1.1　外部压力的影响

下面分析外部压力对该企业披露社会责任信息起到了什么样的作用。

（1）制度压力

制度压力是否对紫金矿业的社会责任信息披露起作用。本节整理了关于企业信息披露包括环境信息披露方面的法律法规和制度。《环境保护法》第三十一条规定,因发生事故或者其他突然性事件,造成或者可能造成污染事故的单位,必须立即采取措施处理,及时通报可能受到污染危害的单位和居民,并向当地环境保护行政主管部门和有关部门报告,接受调查处理。我们国家 2003 年水利部就出台了《重大水污染事件报告暂行办法》,要求重大水污染事件报告要确保信息及时、内容准确,而我国的《证券公司监督管理条例》规定证券公司以及有关单位和个人披露、报送或者提供的资料、信息应当真实、准确、完整,不得有虚假记载、误导性陈述或者重大遗漏。《信息披露违法行为行政责任认定规则》要求信息披露义务人在信息披露文件中或者通过其他信息发布渠道、载体,做出不完整、不准确的陈述,致使或者可能致使投资者对其投资行为发生错误判断的,应当认定构成所披露的信息有误导性陈述的信息披露违法行为。《上海证券交易所上市公司环境信息披露指引》要求上市公司发生与环境保护相关的重大事件,且可能对其股票及衍生品种交易价格产生较大影响的,上市公司应当自该事件发生之日起两日内及时披露事件情况及对公司经营以及利益相关者可能产生的影响。《上市公司信息披露管理办法》要求信息披露义务人应当真实、准确、完整、及时地披露信息,不得有虚假记载、误导性陈述或者重大遗漏。信息披露义务人应当同时向所有投资者公开披露信息。《中华人民共和国证券法》规定发行人、上市公司依法披露的信息,必须真实、准确、完整,不得有虚假记载、误导性陈述或者重大遗漏。国家环保总局于 2008 年 2 月发布的《关于加强上市公司环境保护监督管理工作的指导意见》要求发生可能对上市公司证券及衍生品种交易价格产生较大影响且与环境保护相关的重大事件,投资者尚未得知时,上市公司应当立即披露,说明事件的起因、目前的状态和可能产生的影响。《环境信息公开办法(试行)》要求企业应当按照自愿公开与强制性公开相结合的原则,及时、准确地公开企业环境信息。还要求污染物排放超过国家或者地方排放标准,或者污染物排放总量超过地方人民政府核定的排放总量控制指标的污染严重的企业名单;主要污染物的名称、排放方式、排放浓度和总量、超标、超总量情况;企业环保设施的建设和运行情况;环境污染事故应急预案。而紫金矿业恰巧被列入了污染严重的企业名单当中。

上述这些法律法规和制度,无不是要求企业要及时准确地披露社会责任信息,要对广大的投资者负责,对社会公众负责,那么紫金矿业并没有按照上述法律法规和制度的要求披露2010年7月3日发生的有毒废水泄露的信息,结果无论是给企业还是给公众都造成巨大的损失。在企业自身的利益面前紫金矿业选择了延迟披露和瞒报,制度的压力并未对其起作用。那么是我们国家关于信息披露包括环境信息披露方面的法律法规不完善,足以让企业钻空子吗?事实并非如此。

首先,企业的环保意识淡薄,环保守法的意识淡漠,只顾自身的发展,只顾赚取利润,不考虑周边老百姓的利益,存在应付心态和侥幸心理,总认为也许这种事故并不会发生,导致之前环保部让做的环保整改承诺成一纸空文,并没有把环保承诺落到实处,无视制度的存在,而放纵自己的行为,最终给渔业养殖户造成了巨大的损失,不仅背离了上市公司作为公众公司应诚实守信的原则,而且放任环保问题可能酿成重大的环境风险,污染环境,损害投资者利益。企业并没有把发展与环境的保护结合起来,没有考虑长远发展是和利益相关者的利益密切结合在一起的,失去了利益相关者的支持,企业很难立足,很难有长远的发展。

其次,违法成本过低。"违法成本"远小于"守法成本",恐怕是企业铤而走险的主要原因。企业的治污成本和环境违法所受处罚仍然不成比例。与动辄数千万元的尾矿处理系统采购费及每年不菲的维护费相比,少则几千,多则几万、十几万元的环保罚款和赔偿,对资源类企业可谓不痛不痒,就算年年被罚,也远低于治污成本。公众与环境研究中心主任马军举例说,一企业两年没有污水处理设施,当地环保部门唯一的监管就是每年罚两次款,一次5000元人民币,而建一个污水处理厂的成本是390万元,足够企业罚390年[①]。这足以说明对于环境污染的违规成本太低,处罚成本太小,致使企业根本不把环保污染当回事。而同是上市公司,反观2010年4月份出现事故的英国石油公司(BP),本次事件足以令各方警醒。4月20日,英国石油公司的钻井平台起火。4月23日,海岸警卫队介入调查并称"有原油泄漏",随后英国石油公司宣布对此负责。美国总统奥巴马公开谴责并成立总统委员会彻查。正是这种公开、及时的反应,让民众和政府能时刻关注最权威的进展,并知道应该如何去维护自己的权益。

---

① 引自科技日报《如何保证上市公司兑现环保承诺》,2010年6月23日。

大洋彼岸正背负"油污重债"的英国石油(BP)公司自 2010 年 4 月下旬墨西哥湾原油泄漏以来,英国石油的善后处理成本已超过了 35 亿美元。尤其是在美国政府的强大压力下,英国石油公司还不得不建立 200 亿美元的赔偿基金,用于赔偿渔业、旅游业等行业的相关损失,且赔偿没有上限。如此巨大的环境补偿,使市场对英国石油公司丧失了信心,遭到了市场最严厉的惩罚,市值蒸发近 700 亿美元。公司股价几乎蒸发了一半。相比之下,紫金矿业过去多次"涉污",却从未做过"像样"的补偿。

再次,上市公司的退出机制还不完善,也从某种程度上导致上市企业在污染问题上无所畏惧。近年来,上市环保核查管理制度虽然不断完善深入,但是,企业一旦上市成功,即便是严重违背当初上市时的环保承诺,也不会有退市的风险。再加上上述原因,企业业绩并不会受到环保整治的实质影响,投资者、消费者也不会因为上市公司的环保问题而"用脚投票",这样就助长了企业对环保的冷漠。

(2)政府干预

那么政府的干预是否在这个事件中起了作用呢?早在 2008 年,原环保总局首次发布对 37 家上市公司的环保审查结果,对其中 10 家不予通过或暂缓通过上市核查,其中便有紫金矿业。在 2009 年 11 月,环保部相关稽查人员就已经来到上杭县对矿区进行检查,发现了问题,提出了口头上的整改要求,但紫金矿业一直未能执行。2010 年 5 月,环保部发布《关于上市公司环保核查后督察情况的通报》,在环保部通报批评的 11 家存在严重环保问题的上市企业中,紫金矿业名列榜首,5 月 28 日,紫金矿业就环保部《关于上市公司环保核查督察情况的通报》所提问题发布整改公告,称紫金山金铜矿已全部完成整改,公告同时称,将以本次督察通报为契机,完善各企业环保设施建设相关手续,然而仅两个月的时间,也就是 2010 年 7 月 3 日,就发生了有毒物质泄漏事故。也就是在 7 月 12 日,上杭县政府才公布关于紫金矿业有毒废水泄漏事故,那么地方政府为什么也要延迟披露此次事故呢?从 6 月 5 日开始,汀江的养鱼户发现鱼开始成片死亡后,便向污染源所在的上杭县政府求援,但政府部门取了水样之后,并未公布化验结果,也未说明污染源来自哪里。于是农民决定派代表自己拿水样到广州化验,同时希望上杭县水产局能够签字,证明水样是从汀江现场提取的,结果遭拒。当地渔业养殖户与政府交涉没有结果后,6 月 23 日,损失比较大的渔业养殖户,将成堆的死鱼堵住了县政府大门,政府承诺,将尽快调查清楚事实的真相,给渔民一个说法,6 月 25 日,上杭县政府竟然告诉村民们水质正常。于是把此次事件给压了下来。甚至到了 7 月 13 日,上杭县副县长蓝富雁在水质化验结果未公布的情况下,仍表示汀江水"pH 正常"。而政府在事故发生之后的几次新闻发布会上也未提此事,只是承认了 7 月 3 日的污水泄漏汀江。《环境信息公开办法(试行)》第十一条第五款规定,环保部门应当在职责权限范围内向社会主动公开突发环境事件的应急预案、预报、发生和处置等情况。然而,地方环保部门也未积极地发布关于有毒物质泄漏的信息,致使渔业养殖户受到巨大的损失。当地居民也多次找到环保局,可得到的答复是此事已上报到龙岩市环保局,让居民等待答复。

而福建省环保厅 7 月 14 日在其官网公布称,经该厅指导,由龙岩市、上杭县环保部门监测数据表明,截至 12 日,汀江上杭段各断面和棉花滩水库坝下峰汀大桥断面监测点水质均符合地表水Ⅲ类水质标准。而根据《地表水环境质量标准》规定,Ⅲ类水铜离子含量不得超过 1.0mg/L。也就是说,汀江经过一定程度的治理后,水质已达到国家地表水Ⅲ类水标准的含铜量要求。根据《生活饮用水水源水质标准》规定,Ⅲ类水是可作为饮用水源的最低标准。因此,如果福建省环保厅发布的检测结果属实,汀江水理论上是"可以饮"的,但仍不能养鱼。

那么地方政府和监管部门在此次事件中起了什么样的作用呢? 首先地方政府监管不到位,地方保护主义是一个重要原因。像这种资源类企业,既是污染排放大户,也是当地利税大户。为了漂亮的"GDP 成绩单",为了高额的税收,地方监管部门现场检查不充分,整改措施不落实,对企业污染熟视无睹。环保部门甚至越权为企业出具上市环保审核意见。如此一来,执法者反为违法者撑起了"保护伞",无形中纵容了企业的环境违法行为。紫金矿业是当地的"经济大户",给当地带来巨大财富。直至 20 世纪 90 年代,上杭县的财政收入一直位列整个龙岩地区最后一位。自 2002 年以来,随着紫金矿业的迅速发展,上杭已经成为本地区仅次于龙岩市区的经济最发达的地区。据统计,2006 年,紫金矿业对上杭全部税收的贡献达到近70%。在最近十年间,上杭县国内生产总值(GDP)从 25 亿元跃升至百亿元,紫金矿业贡献巨大。地方政府出于财税、就业等考虑,容易对其环保问题的监管不到位,甚至成了紫金矿业的保护伞,使其对环保问题存应付心态和侥幸心理,不履行环保整改承诺;地方政府为了本地区经济的发展,与企业达成某种合谋,给予企业各种方便,地方政府任由其发展,地方政府以牺牲环境为代价,这样就使政府对企业社会责任的干预偏离了原有的目标,忽略了企业应该承担社会责任,致使上市公司对利益相关者和周围环境造成了很大影响,此外,目前对企业履行社会责任的标准和评价管理体系还存在不完善的地方,各级政府对企业评价都是以企业的经营业绩为评价标准,而忽视了环境的保护,为了当前利益,而牺牲长远利益,某种程度上放纵了企业漠视自身应承担的社会责任,漠视环境保护,为了本地区的发展不惜以牺牲环境为代价。

（3）合法性压力

当紫金矿业面临合法性压力时，又是如何表现的呢？紫金矿业董事长陈景河曾经说过："我们一直把自己定位为'一个负责任的公司'，我们始终把环境保护放在对人民、对社会负责的高度去认识和落实。"然而，上杭县城市论坛上的一个民意调查显示，支持"不能再让紫金矿业生产"的观点占了 45.03％，而认为"这是一个大企业成长路上的必经之路，要努力整改"的观点，仅为 2.31％。"公司在过去的14 年间，资产、销售、利润三大指标年均增长 68％以上，仅 14 年成了中国 500 强，仅 26 年将成为世界 500 强。"那么这样一个企业为什么得不到当地老百姓的支持呢？在此污水渗漏事件中，中毒的鱼为 378 万公斤，是汀江下游 6 个村庄老百姓的主要生计；被污染的水源给老百姓的身体健康埋下了隐患，汀江的生态环境不知什么时候才能彻底恢复。

此次紫金矿业有毒物质泄漏事件对渔业养殖户的损失是巨大的，也是惨痛的，之前，有的渔业养殖户一年的销售额能达到上千万元，百万元的也不在少数，而今，5 年内不能养鱼，即使养鱼销路也成问题。事件发生后，渔业养殖户多次找到环保部门，找到上杭县政府反映此事，来自各个媒体的质疑，媒体纷纷口诛笔伐，投资者指责紫金矿业违反了证券法，未能按规定在事故发生后及时披露信息，这无疑损害了投资者的利益。社会公众也纷纷认识到紫金矿业是个不负责任的企业，纷纷质疑以前所得的荣誉，那么紫金矿业面临着来自利益相关者的合法性压力，与利益相关者的期望差距很远，紫金矿业是否受到了合法性压力的影响呢？紫金矿业做出了铜湿法厂被无限期的停产、整改的决定。然而，对紫金矿业 2010 年的年报、2011年的半年报以及紫金矿业自事件发生以来的公告进行了仔细的查阅，发现一直没有提及对渔业养殖户的赔偿问题，事件发生后，渔业养殖户的损失当时是政府先收购渔业养殖户的死鱼的，紫金矿业事后再赔偿，但查阅了相关的公告、年报、半年报，没有关于紫金矿业赔偿的信息。

所以，在面对合法性压力的情况下，紫金矿业的做法令我们很质疑。在这种合法性压力的面前，紫金矿业被处罚了 3000 万的行政罚款。同时被限产，预计黄金产量年度内减少 1 吨。仅占紫金山金矿年产量的 5.56％，占全部金产量的 1.33％左右。7 月 26 日，因有重要事项未公告，紫金矿业 A、H 股同时停牌，由于该事项尚未处理完毕，公司股票 7 月 27 日继续停牌一天。几个责任人被追究法律责任外，这种处罚远没有人们预计的严重，而与英国石油公司所面临的压力处罚相差甚远，处罚成本也低得多。

7.3.1.2　对公司绩效的影响

接下来,将分析此次事件是否对公司的财务绩效和社会绩效产生影响,以及产生什么样的影响。

(1)财务绩效

在此次事件发生后,美林、中银国际等港股机构都纷纷下调了对紫金矿业 H 股的评级。其中,美林将目标价下调幅度达 30%。瑞银对紫金矿业的评级也进行了下调,瑞银将目标价下调了 7%,对其评级的下调,对公司的股价以及未来的银行贷款产生了影响,间接影响了公司绩效。由于此次事件,根据福建省龙岩市新罗区人民法院刑事判决书[(2011)龙新刑初字第 31 号],判处紫金矿业集团股份有限公司紫金山金铜矿犯重大环境污染事故罪,并处予罚金人民币 3000 万元,从紫金矿业的 2010 年报中,我们很难看出紫金山(金)铜矿的利润情况,但通过这一项罚款,能够使利润减少 3000 万元。同时黄金产量减少 1 吨,收入也相应地减少,自然而然影响到利润,而且,紫金矿业铜矿湿法厂无限期地停产整顿,这无疑对其利润产生了重要的影响。如果停产期限为半年,按照铜矿湿法厂 1.2 万吨的产量来计算,可能使得其 5% 的业绩受到影响,即大约损失 1.5 亿元左右的利润[①]。进而影响到公司的财务绩效。有分析人士曾指出,由于紫金山的铜矿湿法厂铜产量对整个紫金矿业集团的业绩贡献占比不大,短期内对公司的影响是有限的。但长期来讲,此次发生的环保事件由于存在延迟披露信息、瞒报信息的情况,使公司信誉再次受损,加上铜资产逐渐成为公司重要增长项的现实,铜湿法厂停产的期限以及后续的处理,将是影响未来业绩的重要因素。停产期限仍是估量经营业绩影响的关键因素。之所以对短期的财务绩效没有产生比较大的影响,是因为环保部门公布的罚款结果远低于市场预期。事实上,不仅公众认为罚得少,企业以及股票市场的反应,亦足以证明这张罚单对于紫金矿业来说影响不大。违规成本太低,不足以对企业近期的财务绩效产生影响。

通过紫金矿业 2010 年的年报可以看出,整个集团的净资产收益率并没有因为此次事故而受到很大的影响,2010 年的净资产收益率为 22.11%,2009 年的净资产收益率为 19.49%,还比 2009 年增加了 2.62%。所以正印证了分析人士的话,对其短期的企业财务绩效没有影响。

---

①　引自新华网,标题为《紫金矿业停产期限成影响业绩关键因素》,2010 年 7 月 15 日。

（2）社会绩效

从对公司的社会绩效影响来看，本章仍选用 2011 年润灵环球责任评级对 2010 年的发布社会责任报告的上市公司评级作为公司的社会绩效，2010 年评级得分为 39.88 分，评级为 BB，2009 年评级得分 49.51 分，评级为 BBB①，很显然从得分看，2010 年的分数没 2009 年的评级分数高，同时评价的级别也没有 2009 年的级别高，因此可以看出，紫金矿业的社会绩效受到影响，因此有所下降。紫金矿业的社会绩效之所以受到影响，是因为各大媒体纷纷报道此次事件，它的诚信饱受质疑，对于事故发生时的不报和瞒报，对于渔业养殖户的身心健康的伤害，对于汀江的污染，使其社会形象大打折扣，此次事件人们可以清楚地看到，紫金矿业并没有勇于承担责任，及时地披露社会责任信息，这样就向市场传达了它是个不负责任的企业，进而破坏了自己的社会形象，不仅渔业养殖户对其怨声载道，投资者也抱怨其在重大事件发生时没有及时地披露信息，水污染之后汀江两岸的渔民面临另谋生计的选择，而其生活用水成了最大的问题，而且有的村子癌症发病率比较高等问题给紫金矿业的社会形象蒙上了阴影。

在自身发展的同时，没有考虑利益相关者的利益，置利益相关者的利益于不顾，这样在长期的发展中，终被社会所淘汰。企业在创造价值的同时，不考虑环境对社会、对大众的影响，最终就会犹如杀鸡取卵，走向灭亡的边缘。

通过对紫金矿业有毒废水泄漏事件，本章分别从外部压力和公司绩效的角度进行了分析，可以得出这样的结论，第一，紫金矿业的环境保护意识、环保守法意识淡薄，只顾自身的发展，而忽视了周围环境以及周边老百姓的生产和生活。第二，不按国家法律法规的要求办事，违规披露环境污染信息，明显是漠视国家的法律法规。第三，国家还要加强制度建设，从此案例看，制度给予企业的压力还不够。法律法规明文规定企业要及时地披露有关重大事件的信息，结果企业对法律部法规采取了淡漠的态度。第四，地方政府和监管部门要加强对企业社会责任，包括环境保护的监管，而不是作为企业的保护伞，给企业保驾护航，纵容企业的不合法行为。第五，社会公众、利益相关者要提高自我保护意识，维权意识，在自己的权益受到损害时，拿起法律武器来保护自己。社会公众的合法性压力还要加强。

从公司绩效的角度分析此次事件，可以看到，罚单对于紫金矿业来说影响不大，给予紫金矿业的惩罚成本太低，也就是企业的违规成本太低。以至于短期内对紫金矿业的财务绩效影响不是很大，但是从长期看，铜湿法厂无限期地停厂整顿，

---

① 引自润灵环球责任评级 RKS 网站，http://www.rksratings.com/index.php/Index/Product/index。

会对其财务绩效产生重大的影响。此次事件令很多人伤心、愤恨,因此严重影响了资金矿业的社会绩效,损坏了公司的社会形象,损坏了企业的声誉,企业的诚信令社会公众质疑,长此以往,必将影响企业的财务绩效,进而影响到企业的生存发展。

7.3.2 启示

通过紫金矿业有毒废水泄漏事件的分析得到以下启示。

7.3.2.1 要增强企业的环保意识

增强企业环保守法意识。很多企业在自身发展的同时,还应该考虑周围环境,周边老百姓的利益,不要存在侥幸的心理和应付的心态,应该把环保问题落到实处,而不是只喊口号,要把企业的发展和周边的环境保护结合起来,使企业和周边环境共同发展,而不是作为环境的破坏者,同时还要加强企业环保守法意识。很多企业视我们国家的法律法规于不顾,无视国家法律法规的存在,纵容自己的行为,而无视法律法规的结果就是污染环境,损害利益相关者的利益,最终会使自己在社会难以立足,受到法律的惩罚,公众的唾弃,使企业不能长远地发展下去,最终害了自己。

7.3.2.2 完善法律规章制度

虽然我们国家的法律法规制度相对比较完善,但还需要进一步发展,法律法规制度对于企业的社会责任包括保护环境,应该起到不可忽视的作用,但当前发生了很多不负责任的事件,如三鹿奶粉事件、紫金矿业事件、双汇的瘦肉精事件,我们看不到监管制度在这些事件中对信息的透明度的作用,而监管制度对于企业履行社会责任,提高企业的信息透明度能够起到很好的作用,所以,应该加强对企业社会责任信息披露的监管制度,制定具有可操作性的规章制度,就拿紫金山铜矿湿法厂污水池渗漏引发汀江污染一事,究竟应在事件发生多长时间进行公布,通过什么样的方式公布,正是由于相关法律法规制度比较模糊,就会使致政府、环保部门、企业在信息披露方面貌似都有责任,却又都可以找到不公开信息的借口。所以,比如环境保护部应该改进《环境信息公开办法(试行)》中的关于企业环境信息公开的相关规定,应该继续完善相关法律法规制度的建设,加强信息的透明度建设,任何忽视继续加强社会责任信息制度建设的行为都是不合适的。

7.3.2.3　加强对违规违法企业的惩罚力度

目前我国发生的有关社会责任的这些事件,对违法违规企业的惩罚力度都太小,使罚单对于这些企业不痛不痒,"违法成本"远小于"守法成本",才使得企业敢于铤而走险。尤其是对资源类企业,企业的环境治理成本和环境违法所受处罚不成比例。企业因为环保问题所得的罚单与企业环境保护的投入以及每年的维护费相比,对企业来讲可谓不痛不痒,就算每年都会因为环境问题被罚款,也远低于治污成本。所以要加强对违规违法企业的惩罚力度,同样是资源行业的上市公司,同样造成了无可挽回的"重大环境事件",然而,所不同的是,一家是英国的石油公司(BP)惹怒了美国人,而另一家是中国的公司(紫金矿业)惹怒了本地人,两家公司的命运却是不同的,英国石油公司面临着严厉的法律制裁,巨额的环境维护费和赔偿金,使这个能源巨头赔个家底朝天,而中国的公司遭到的处罚与之相比差距很大。

7.3.2.4　完善上市公司的退出机制

上市公司的退出机制还不完善,也从某种程度上导致上市企业在污染问题上无所畏惧。企业一旦上市成功,即便是出现了重大的环境污染事件,也不会有退市的风险。投资者、消费者的自我保护意识还不强,也不会因为上市公司出现了环保问题而觉得损害了自己的利益,不会抛出股票,这样就助长了企业对环保的漠视。所以,要完善上市公司的退出机制。

7.3.2.5　政府对企业履行社会责任要加强监管

地方政府和相关监管部门应该在企业环境保护方面起监督和管理作用,而不应该成为企业的保护伞,不要纵容企业对环境保护的漠视,应该加强对企业环境保护的管理和监督,不要仅仅为了本地区的发展,为了个别官员的业绩,而牺牲了环境,牺牲了当地老百姓的利益,所以地方政府不要和企业达成某种合谋,而要真正起到监督和管理的作用。

7.3.2.6　企业要增加信息披露的透明度

通过此案例可以看出,紫金矿业如果能及时地披露有关污水泄漏的信息,虽然自身的压力会增大,但会给公众传达的信息是企业是负责任的,这样有利于各方及时地调动资源,配合解决泄漏问题,及时控制污染源头,下游民众也可以及时采取措施,就会把损失降到最小,而且 9 天之后进行披露,也过于简单,何种类型的污染物泄漏,泄漏量多大,影响范围如何,以及下游的防范措施如何,均未披露。企业应该加强对重大事件的披露,及时将事件的发生发展告知利益相关者,增加信息披露的及时性,增加信息披露的透明度,使利益相关者有所准备,减少损失,把相关的损失减少到最小。

7.4　本章小结

　　本章分别从外部压力和公司绩效两个视角观察紫金矿业在外部压力,也就是面对制度压力、政府干预、合法性压力时的反应,同时观察是否此次环保事件对紫金矿业的公司绩效,也就是财务绩效和社会绩效是否产生影响。

　　通过此案例,从制度压力的角度看,紫金矿业集团对国家相关环保法律法规制度的漠视,只顾自身的发展,而忽略了周围环境的发展,忽略了周边老百姓的利益,为了当前利益,而牺牲了长远利益。此次事件的发生,给周边老百姓的生计带来了很大的改变,给周边老百姓的生产生活带来了很大的困难,身心健康受到了影响;从政府干预的角度看,在此事件中,地方政府起了纵容作用,紫金矿业是上杭的税收大户,贡献比较大,因此忽视了对其环境保护方面的监管,地方政府监管不到位,地方保护主义强,为了本地区的发展,为了本地区的 GDP,为了个人的前途,与企业达成某种共谋,成了企业的保护伞,给企业各种方便,致使紫金矿业存在侥幸心理和应付的心态,助长了紫金矿业对环境保护的漠视;从合法性压力的角度看,当紫金矿业面对包括来自投资者、来自媒体、来自周边老百姓的压力时,紫金矿业受到了一些相应的制裁,在这个过程中可以看出,还要加强对企业的合法性压力的影响,利益相关者还要拿起法律的武器来保护自己,增强维权意识。

　　从对公司绩效的影响看,短期内,对公司的财务绩效影响不大。而从长远来讲,对铜湿法厂无限期地停产整顿,就会对紫金矿业的铜产量产生影响,进而对公司的财务绩效产生影响。同时,此次事件,各媒体口诛笔伐,受害的渔业养殖户纷纷上访,投资者因为紫金矿业没有及时披露信息而愤怒,社会公众认为该企业是个不负责任的企业,没有诚信可言,对于 2009 年被评为"最具诚信的企业"纷纷质疑,这些对公司的社会绩效产生了重大的影响,严重损坏了公司的声誉、诚信,破坏了公司的形象,公司外部评价非常低。长此以往,就会影响到公司的财务绩效。

　　所以通过对此案例的分析,企业的环保意识、环保守法意识应该加强,真正做一个守法的企业。加强法律法规制度的建设,发布具有可操作性的法律法规制度,地方政府加强对企业的监管,不能再存在地方保护主义,不能再成为企业的保护伞。加大对肇事企业的惩罚力度,使其不敢再犯,以此为戒。利益相关者要增强维权意识,当利益受到损害时,拿起法律武器保护自己的权益,并且要完善对上市公司退出机制的管理,发生重大的社会责任事件,与其上市时的承诺不一致时,要进行退市处理。这样从各个方面努力,就会使企业真正做到在自身赚取利润的同时,保护周边环境,遵守国家的法律规章制度,保护利益相关者的利益,及时披露社会责任信息。增加信息的透明度,使企业与周边环境和谐地发展。

第8章 研究结论及进一步的
研究方向

本章是对全书的一个总结,综合上述章节的研究成果,归纳出本书的主要研究结论。在短期内,如何让企业及时地披露社会责任信息,以及在长期内,如何让企业主动及时地披露社会责任信息提出建议,并且指出本书的研究局限以及进一步的研究方向。

8.1　本书的研究结论

目前,由于我国社会责任信息披露的研究还处于起步阶段,因此在实践中,经常出现一些企业社会责任严重缺失,如三鹿奶粉事件、紫金矿业事件、广西柳州镉泄漏事件等,企业社会责任缺失的问题亟待解决,很多企业在发展的过程中,只注重获取利润,而忽视履行社会责任,只注重自身的利益,而忽略了社会的整体利益。正是在这个背景下,本书对社会责任信息披露问题做了研究,经过理论分析、实证分析和案例分析,得出以下结论。

8.1.1　从外部压力层面

(1)通过建立社会责任信息披露指数,并进行描述性统计,结果表明,我国上市公司的社会责任信息披露水平比较低,披露水平在各企业之间差异较大。高水平的社会责任信息披露少之又少。企业没有真正认识到披露社会责任信息能够给企业带来好处,而是迫于外来压力从形式上披露社会责任信息,存在应付心理。

(2)合法性压力、制度压力对上市公司的社会责任信息披露水平具有积极的影响,合法性压力的一个替代变量社会信任对上市公司的社会责任信息披露水平具有积极的影响。企业面临的合法性压力越大,社会责任信息披露水平就越高。企业面临的制度压力越大,社会责任信息披露水平就越高。而政府干预并未对上市公司的社会责任信息披露水平产生显著的影响。

(3)管理者的社会责任态度对社会责任信息披露具有积极的影响,管理者对社会责任的态度越积极,社会责任信息披露水平就越高。而在验证外部压力是否对管理者的社会责任态度产生影响时,研究发现,制度压力、合法性压力的替代变量社会信任对管理者的社会责任态度产生积极的影响。

8.1.2 从公司绩效层面

(1)公司的社会绩效与社会责任信息披露水平存在交互作用,即上市公司的社会责任信息披露水平越高,公司的社会绩效越高,而公司的社会绩效越高,社会责任信息披露水平就越高。上市公司的社会责任信息披露水平越高,就越能减少与利益相关者的信息不对称性,使利益相关者及时准确地获得可靠的企业责任行为的信息,进而提高企业的外部评价,增加企业的社会绩效,而社会绩效的提高,公众形象的提升,得到公众的信任,企业会维护自身的形象,积极地披露社会责任信息。

(2)公司的财务绩效与社会责任信息披露水平存在交互作用,上市公司的社会责任信息披露水平越高,公司的财务绩效就越高,而公司的财务绩效越高,社会责任信息披露水平就越高。上市公司社会责任信息披露水平越高、越透明,利益相关者对企业越信任,进而就会增加利益相关者与企业的互动行为,如销售额的增加、资金的支持、交易成本的减少等,进而增加企业的财务绩效,而企业财务绩效的提高,企业就更有能力和资源去履行社会责任、披露社会责任信息,形成一个良性的循环。

8.2 政策建议

企业首先是一个以盈利为目的的实体,那么如何能够让企业在赚取利润的同时积极主动地披露社会责任信息呢?这也是学者们一直探寻的问题。在前面的章节里,通过实证得出要让企业披露社会责任信息,应该从外部给予企业一定的压力,如合法性压力、制度的压力等,那么给予企业外部的压力能够使企业迫于外部压力来披露社会责任信息,这也是短期内能够让企业披露社会责任信息的一个手段,企业在外部压力的作用下,披露社会责任信息,这样能约束自身的行为,有利于企业的发展,企业作为一个经济人,根本目的是获取经济利益。那么企业在自身的发展过程中,除了赚取利润外,还要注意自身社会责任的履行,及时披露社会责任信息,不仅使利益相关者受益,做一个负责任的企业,还会给企业自身的发展带来长期的效应,形成良性循环。

从外部压力的角度,政府要加强对企业披露社会责任信息进行监管,加大监管力度,约束企业不负责任的行为,同时要制定相关的制度,从制度的层面约束企业的社会责任信息披露的行为,使整个社会处于一个良性的发展状态。

通过前面的分析,从短期来讲,只有给予企业适当的压力,企业才能披露社会责任信息,同时企业通过披露社会责任信息,能够增加企业的社会绩效和财务绩效,要想使企业充分披露社会责任信息,从目前来讲,企业披露社会责任信息的意识还不强,要建立外在的影响机制,如健全相关社会责任信息披露的法律法规和制度,以及相应的奖惩机制。

从长远来讲,除了压力之外,如何让一个以盈利为目的的企业能够在正常经营的同时,积极主动地披露社会责任信息呢?要让企业积极主动地披露社会责任信息,就要让企业认识到履行社会责任和披露社会责任信息会给企业带来良好的社会绩效和财务绩效,会给企业带来无形的价值和长远的利益,这才是推动社会责任信息披露的直接动力。企业履行社会责任并及时地披露社会责任信息,是一个对企业自身和社会的利益相关者双赢的举措。不仅有利于利益相关者及时地得到社会责任方面的信息,做出正确的决策,同时对企业自身绩效的提高也是有好处的。

8.2.1　从政府监管的角度

应该发挥政府监管的职能,加大监管的力度,而不是作为企业的保护伞,为企业的不合法行为保驾护航,尤其是一些地方政府一些职能的定位,导致了对企业社会责任信息披露监管的扭曲和缺失,所以政府应该把监管落在实处,而不是当作口号。同时国资委、证监会等相关部门要加强对企业社会责任信息披露的监管。

(1)加大处罚力度,增加违规成本

我国社会责任事件出现之后,无非就是罚款,并且处罚与所造成的损失非常不对称。往往事故发生后,主要领导人往往引咎辞职,国家对企业进行象征性罚款,这种处罚对企业履行社会责任起不到根本的作用。

对于不及时披露社会责任信息、给社会造成极大危害的企业,首先应加大惩处力度,使其不履行社会责任和不披露社会责任信息的成本加大。像大洋彼岸的英国石油公司发生漏油事件后,遭遇了市场最严厉的惩罚。公司股价已下跌 1/3,市值蒸发近 700 亿美元。而漫长的诉讼和赔偿或将拖垮这家全球一流的石油公司。如果我们国家也这样对违规企业严厉处罚,使其不敢再犯,这样就会使其他企业引以为戒,能够及时披露社会责任信息,使利益相关者更多地了解社会责任信息,使整个社会受益。

其次,规范上市公司的退出机制和准入机制。通常我们国家的企业一旦上市,即便出现严重的社会责任行为并且事件发生后也不及时地披露社会责信息,或者是违背了当初上市时的环保承诺,也不会面临退市的风险,因此,证监会应该规范上市公司的市机制,根据上市公司有关社会责任行为违规的程度,制定相应的惩罚机制,以致退市机制,这样上市公司就不会无视社会责任信息的披露。而对于非上市公司如果出现上述现象,其上市的门槛就要相应地提高,甚至被拦在证券市场的外面。

(2)政府应加强对社会责任事件的应对和监管

首先,在有关社会责任的事件没有发生前,政府应该建立严格的监控体系,完备的应急预案,积极对企业进行社会责任信息披露的监管,尤其是地方政府应该真正负起监管责任,真正为社会公众负责。

其次,在有关社会责任的事件发生后,政府要积极地处理,使损失减少到最小,墨西哥湾漏油事件中,美国政府的高度重视,科学研究的迅速跟进,以及污染信息及时透明的在线公布等,说明美国政府的监管和处理都十分积极,信息透明度高,这些都是值得借鉴的。而紫金矿业事件在事件发生 9 天之后才公布于众,同样 2005 年吉林石化苯车间爆炸后,哈尔滨市政府 11 月 21 日先后下发两道原因迥异的停水通知至今仍让许多人费解不已。早上还通知说,因对市区供水管网设施进行全面检修而临时停水;下午的通知却又改为,因中石油吉化公司双苯厂发生爆炸事故致使松花江水被污染而临时停水。对于是否要公布断水的真正原因,哈尔滨市政府内形成了争论。在终于确定断水的前一天,哈尔滨市政府还专门就是否公开停水真实原因召开了一个长会讨论。黑龙江省水利厅的有关人士透露:"我们一直主张应该告诉老百姓真相",但是哈尔滨市政府内有部分人力主不能公开,担心一旦真相公开,会引起社会恐慌。于是第一个公告就将断水原因说成了供水管网改造,这足以说明政府对突发事件的处理缺乏透明度,这样会给社会公众造成巨大的损失,所以政府应该加强对突发社会责任事件的积极应对,政府不能成为企业社会责任事件的保护伞,而应该成为社会公众的保护伞,替社会公众对企业的行为进行监管,应该积极发挥政府的职能,增强政府的执政能力,真正为老百姓服务,真正成为老百姓的公仆。

(3)政府应加强对地方行政领导和企业领导的考核机制

目前对地方政府的行政领导和企业领导的绩效考核主要是通过财务指标进行评价,对于领导干部的晋升也只是考虑地区和企业的经济指标,而对一些非财务指标并没有纳入绩效的考核范围,这样就会误导地方的行政领导和企业领导单一地追求经济效益,对企业不负责任的行为监管缺失,漠视不负责任的行为,同时还会造成地方政府与企业在一定程度上形成共谋,忽视社会责任的履行,进而没有真正地对社会公众负责。所以,把对社会责任问题的监管和是否履行社会责任作为对地方行政领导和企业领导考核的一个重要指标,纳入对地方行政领导和企业领导的绩效考核体系,将减少形成共谋的可能性,以及推动社会责任的履行。

8.2.2　从企业自身的角度

(1)转变企业管理者对社会责任的态度

企业是否能够积极履行社会责任并积极地披露社会责任信息,很大程度上取决于管理者对社会责任的意识和态度。高层领导对社会责任的支持是企业履行社会责任并积极地披露社会责任信息的重要前提。因此,企业的管理者要高度重视社会责任的履行,树立社会责任意识,把社会责任工作作为企业的重要工作来做,加强全体员工对社会责任的培训和认识,积极研究和部署社会责任工作,让积极履行社会责任逐渐形成企业的文化和企业的价值观。

(2)企业应认清社会责任信息披露给企业带来的利益

企业应该遵守国家制定的法律法规和制度,积极披露社会责任信息,做一个负责任的值得信任的企业,而不能只看眼前利益,只注重企业自身的利益,而置履行社会责任和披露社会责任信息于不顾,通过前面章节的理论分析、实证分析和案例分析,可以得到这样的结论,履行社会责任披露社会责任信息,可以提高企业的社会绩效和财务绩效,反之,就会影响公司的财务绩效。企业披露社会责任信息,可以增加企业的财务绩效,企业能够看到通过披露社会责任信息可以提高企业的财务绩效,就会更积极主动地披露社会责任信息,这样就会形成一个良好的循环机制,同时企业披露社会责任信息还能提高企业的社会绩效。

而财务绩效和社会绩效的提高也并不是割裂开来的,由于企业积极主动地披露社会责任信息,减少了信息的不对称性,那么外部的利益相关者对企业就会产生良好的印象,认为企业是对社会公众、对广大的利益相关者负责任的,对企业有个良好的外部评价,提高了企业的社会绩效,因此,消费者会更多地购买企业的产品,提高企业的市场占有率,同时供应商也会不间断地供应材料,这样能够使企业生产具有连续性,还会得到政府政策上或资金上更多的支持。而企业内部的员工,更加觉得企业对员工的关怀,更积极努力地工作,在这样一个氛围下,企业的生产效率得到提高,企业的产品得以畅销,企业的资金链得以连续,那么企业的财务绩效就自然而然提高了,因此,从长远的角度来讲,企业披露社会责任信息,能够使企业受益匪浅,不仅提高企业的社会绩效,还能提高企业的财务绩效,对企业和社会是双赢的。因此企业应该认识到积极主动地披露社会责任信息给企业带来的好处。

(3)企业应建立社会责任危机的处理机制

近年来,很多与社会公众生产生活密切相关的社会责任事件时有发生,不断被曝光,很多企业陷入了危机当中,企业应该在危机发生时,第一时间把事实真相向社会公众披露,积极主动地采取有效措施进行处理,而不是一味地隐瞒真相,企业应该建立危机处理机制,才能得到社会公众的信任。

就像日本的明治奶粉公司,由于 2011 年地震造成核辐射,在奶粉中检测出最高每千克 30.8 贝克勒尔的放射性核素铯,而日本厚生劳动省食品安全官员称,厚生劳动省规定的奶粉辐射上限是每千克 200 贝克勒尔,此次明治奶粉检测结果未超标。明治公司为了防止对婴儿造成影响,召回 40 万桶奶粉,而与此形成鲜明对比的 2005 年吉林石化苯车间爆炸后,企业信誓旦旦地保证:"爆炸只会产生水和二氧化碳,不会污染水源。"而事实上,苯泄漏却造成松花江流域严重水污染,哈尔滨市停水数日。

两个事件形成了鲜明的对比,企业的态度截然相反,一个是积极主动地披露信息,而另一个是极力隐瞒事情的真相,明治公司此举,社会公众会认为其是对社会公众负责任的公司,更会增加对其的社会信任,给公众好的印象,进而增加其社会绩效和财务绩效,而吉林石化与公众的利益相背离,企业严重不负责任的行为,终将被社会所淘汰。所以企业只有及时积极地披露社会责任信息,做个真正对社会负责任的企业,才会使企业走得更远。

8.2.3　从法规制度制定的角度

我国目前还没有专门针对社会责任的立法,《公司法》中也只是少量涉及社会责任问题。必须看到,没有法律、法规和制度的强制性的要求,企业就不会为不履社会行责任而受到惩罚,目前我国颁布的有关社会责任的制度和引导性的规范还缺乏可操作性,企业是否披露社会责任与利益相关者的强势度相关,因此,如果法律相对模糊,企业披露的社会责任信息也就会仅仅留于形式,要想提高社会责任信息披露的质量,应该制定社会责任信息披露的法律法规。特别是当发生具体的社会责任事件时,社会责任信息很容易被操纵,同时由于信息不对称,利益相关者很难了解企业履行社会责任的真实信息。因此,首先要出台与社会责任信息披露相关的法律法规,以规范企业社会责任信息披露的行为;其次应该出台具有强制性、可操作性的社会责任信息披露的制度,增加信息的透明度,进一步规范企业披露社会责任信息的内容、格式、时间的发布、奖惩措施等。

我国可以根据自己的实际情况,结合全球报告倡议组织(GRI)发布的《可持续发展报告指南》标准披露框架,这个框架的可操作性较强,对其进行消化和吸收,建立起适合中国上市公司的社会责任信息披露制度,因为社会责任信息披露制度具有强制性,以此作为企业披露社会责任信息的标准,也有利于利益相关者对企业社会责任信息披露进行分析和评价。

因此,本书认为,从短期来讲,要使企业履行社会责任并及时地披露社会责任信息,建立社会责任信息披露制度尤为重要,有利于利益相关者及时地了解企业的社会责任信息,有利于政府相关部门对企业社会责任信息披露的监管,减少社会责任信息披露被操纵的情况,敦促企业履行社会责任并披露社会责任信息起到积极的促进作用。这个制度以强制披露为主,使社会公众更好地了解企业,进而做出正确的决策。同时还规范企业不披露社会责任信息的成本,强制企业披露社会责任信息。同时还要出台社会责任信息披露的具体准则,要具有可操作性,这样企业才能按照准则的要求披露社会责任信息,增加信息的透明度,才能使社会公众有个统一的标准评价企业的社会责任行为。

8.2.4 从社会公众的角度

社会公众要提高自身的意识,公众的权益保护意识是推动社会责任信息披露的动力之一。我国社会公众的意识还相对淡薄,缺乏维权意识,特别是当企业出现不负责任的事件时,公众对企业的影响力较小,所以社会公众要逐渐培养自我保护的意识,维护自身的权益。在墨西哥湾漏油事件中,奥巴马的执政能力受到质疑。"美国有线电视新闻网民意调查公司最新数据显示,51%的美国民众对奥巴马处理这场漏油事件的方式表示不满,60%的受访者认为政府没有能力避免今后再度发生类似事件①。"此事件说明美国公众的维权意识比较强。

---

① 引自 http://www.cnstock.com/index/gdbb/201007/710441.htm.

事实上,社会公众的维权意识是可以逐渐培养的,可以通过各种信息传播方式使社会公众了解他们和企业之间是存在一定的契约关系的,公众要逐渐认识到,他们有权利获知企业的社会责任行为,企业也要对广大的社会公众负起责任,社会公众可以通过政府组织和非政府组织来维护和实现自身的权益,这样公众的呼声强烈了,企业自然而然就会收敛不负责任的行为,随之推动企业履行社会责任,披露社会责任信息。因此,公众维权意识的提高,可以对企业的社会责任行为起到积极的推动作用,进而企业的社会责任信息披露水平也会相应地提高。

8.3　研究局限及进一步的研究方向

8.3.1　研究局限

本书的研究局限主要体现在以下几个方面。

(1)从样本选取来看,本书所用样本为 2008 年度发布社会责任报告的上市公司,对未发布社会责任报告的公司并没有进行研究。而发布社会责任报告的公司占整个上市公司的一小部分。所以对研究结果的有效性可能会有影响。

(2)本书的公司社会绩效采用的是润灵环球责任评级(Rankins CSR Ratings,RKS)对上市公司的评价的结果,我国社会责任信息披露的研究起步比较晚,相应的比较权威的评价体系还没有,润灵环球责任评级的评价体系在国内属于首家对社会责任进行评级的第三方机构,自主研发了国内首个上市公司社会责任报告评级系统,这套评价系统得到社会各界的好评,但此系统还不够完善,只对上市公司发布的社会责任报告进行评价,年报的信息并没有进行分析,所以还有待于研发更加全面更能客观评价社会责任信息的评价系统。

(3)从变量的选择来看,对于合法性压力变量的选择,本书选择了两个替代变量,一个是社会信任度,另一个是是否属于重污染行业,是否属于重污染行业在模型中并未验证之前提出的假设,说明所选取的替代变量还不能完全替代合法性压力。合法性压力变量的替代变量的选取还有待做进一步的研究。

(4)本书只研究了社会责任信息披露水平与公司的财务绩效和社会绩效的关系,研究了社会责任信息披露水平与公司财务绩效的交互作用,以及和社会绩效的交互作用,并没有研究财务绩效和社会绩效之间的关系。

8.3.2　进一步的研究方向

对社会责任信息披露的研究是一个意义比较重大的研究,所以在以后的研究中需做如下努力。

(1)从样本的选取上,除了考虑发布社会责任报告的上市公司,还要考虑未发布社会责任报告的上市公司,这样能够比较全面地研究社会责任信息披露问题。同时,在选取样本时,连续考察几个年度的社会责任信息披露情况,可以描述不同年度社会责任信息披露的变化趋势,对研究结论的准确性会更有帮助。

(2)在变量选择方面加以改善,进一步研究合法性压力的替代变量,寻找合法性压力更加合适的替代变量,使其能全面地解释合法性压力。

(3)企业披露社会责任信息是有成本的,因此,在以后的研究中,还需进一步考虑企业披露社会责任信息的成本收益问题,所以有待于对企业披露社会责任信息的成本和收益进行研究,进一步挖掘影响企业社会责任信息披露的因素。

(4)研究是否需要对企业发布的社会责任信息进行审验。我国上海证券交易所、深圳证券交易所以及国资委都鼓励上市公司发布独立的社会责任报告,说明对于企业社会责任信息披露越来越重视,目前发布社会责任报告的企业也越来越多,为社会公众了解企业的社会责任信息提供了方便,但这些社会责任信息并没有经过审验,可能会有些公司存在夸大社会责任事实的情况,这样会影响对社会报告中社会责任信息使用的有效性。欧洲会计专家协会可持续性审核主席认为:“没有经过审核的企业社会责任报告,比广告好不了多少”。为了更好地监督企业履行社会责任情况,保证企业对外披露的社会责任信息的真实性、公允性,是否我们国家也实施社会责任信息的审验制度、各级政府审计机构应主动承担监督的职能。因此企业可以请独立的第三方出具意见或者聘请会计师事务所进行审验并出具审验报告,这样可以保证企业披露社会责任信息的真实公允,因此,是否也可以像年报一样,经过事务所的审验,是否也可以出台社会责任报告审验的标准,发布经过审验的社会责任信息,增加信息的可靠性,因此,这是一个值得深入研究的问题。

(5)在以后的研究中,除了要考虑社会责任信息披露水平与公司财务绩效和社会绩效的关系外,还要考虑公司的财务绩效和社会绩效的关系,国外关于社会绩效和财务绩效的研究较多,而专门研究我国上市公司的社会绩效和财务绩效的文章非常少,研究两者是否存在关系,存在什么样的关系,两者是否具有相互促进的作用。

(6)进一步研究上市公司发布社会责任报告的市场反应,也就是社会责任信息披露带来的经济后果,研究上市公司披露社会责任信息后,股票市场是如何反应的。同时还需要进一步研究违规的社会责任事件信息披露后,股票市场的反应如何,为进一步规范我国的社会责任信息披露制度提供证据支持。

总之,社会责任信息披露是值得进一步研究的课题,有待于做深入的研究,为我国的社会责任信息披露实践提供更多的理论支持。

附　　录

附表:样本公司社会责任绩效

股票代码	证券简称	社会绩效
000002	万科 A	31.58
000006	深振业 A	26.62
000009	中国宝安	24.6
000012	南玻 A	25.09
000024	招商地产	36.3
000026	飞亚达 A	30.48
000027	深圳能源	35.05
000028	一致药业	28.54
000031	中粮地产	29.43
000039	中集集团	40.63
000046	泛海建设	29.79
000060	中金岭南	27.85
000061	农产品	28.72
000063	中兴通讯	32.25
000069	华侨城 A	36.79

股票代码	证券简称	社会绩效
000088	盐田港	26.36
000089	深圳机场	34.54
000157	中联重科	32.32
000301	东方市场	31.47
000338	潍柴动力	35.55
000400	许继电气	25.32
000401	冀东水泥	29.24
000402	金融街	28.75
000422	湖北宜化	21.82
000423	东阿阿胶	27.42
000425	徐工机械	24.75
000488	晨鸣纸业	29.15
000503	海虹控股	23.04
000516	开元控股	26.56
000520	长航凤凰	24.07
000522	白云山 A	32.42
000527	美的电器	29.27
000528	柳工	29.67
000532	力合股份	30.26
000538	云南白药	28.04
000539	粤电力 A	36.22
000541	佛山照明	24.46
000547	闽福发 A	23.49
000568	泸州老窖	34.75
000581	威孚高科	25.49

续表

股票代码	证券简称	社会绩效
000612	焦作万方	25.76
000623	吉林敖东	23.74
000625	长安汽车	27.79
000627	天茂集团	21.32
000629	＊ST钒钛	27.31
000630	铜陵有色	31.91
000632	三木集团	27.97
000635	英力特	28.96
000651	格力电器	27.99
000652	泰达股份	23.17
000655	金岭矿业	24.25
000663	永安林业	25.87
000667	名流置业	31.95
000671	阳光城	25.55
000680	山推股份	33.91
000690	宝新能源	38.39
000707	双环科技	27.49
000709	河北钢铁	24.37
000717	韶钢松山	32.9
000725	京东方A	26.94
000726	鲁泰A	34.11
000729	燕京啤酒	32.18
000732	＊ST三农	20.67
000758	中色股份	22.22
000768	西飞国际	33

续表

股票代码	证券简称	社会绩效
000778	新兴铸管	26.93
000792	盐湖钾肥	26.01
000793	华闻传媒	30.28
000797	中国武夷	28.04
000800	一汽轿车	33.45
000807	云铝股份	30.6
000822	山东海化	31.97
000831	＊ST 关铝	30.11
000839	中信国安	18.86
000858	五粮液	36.25
000869	张裕 A	25.19
000876	新希望	40.92
000878	云南铜业	29.69
000881	大连国际	18.2
000895	双汇发展	26.28
000897	津滨发展	21.58
000898	鞍钢股份	38.64
000900	现代投资	28.73
000911	南宁糖业	28.73
000912	泸天化	26.25
000917	电广传媒	25.97
00093	丰原生化	23.73
000932	华菱钢铁	21.55
000933	神火股份	24.23
000937	冀中能源	47.44

续表

股票代码	证券简称	社会绩效
000952	广济药业	21.19
000959	首钢股份	24.86
000960	锡业股份	26.5
000962	东方钽业	20.42
000968	煤气化	29.15
000969	安泰科技	25.95
000982	中银绒业	23.79
000983	西山煤电	34.12
000993	闽东电力	28.7
000997	新大陆	34.26
002001	新和成	26.54
002003	伟星股份	27.97
002008	大族激光	25.66
002016	世荣兆业	24
002019	鑫富药业	28.91
002029	七匹狼	27.78
002033	丽江旅游	25
002035	华帝股份	29.98
002039	黔源电力	25.57
002045	广州国光	26.1
002048	宁波华翔	31.84
002054	德美化工	18.82
002062	宏润建设	23.35
002063	远光软件	25.4
002070	众和股份	29.66

股票代码	证券简称	社会绩效
002078	太阳纸业	26.07
002081	金螳螂	21.55
002084	海鸥卫浴	27.64
002098	浔兴股份	30.25
002102	冠福家用	24.23
002110	三钢闽光	26.9
002122	天马股份	26.38
002152	广电运通	30.88
002153	石基信息	28.72
002161	远望谷	53.89
002162	斯米克	26.15
002173	山下湖	25.08
002174	梅花伞	24.99
002175	广陆数测	26.58
002180	万力达	21.07
002198	嘉应制药	21.06
002200	绿大地	27.69
002202	金风科技	22.86
002203	海亮股份	31.53
002216	三全食品	24.25
002222	福晶科技	24.04
002229	鸿博股份	28.01
002230	科大讯飞	20.59
002233	塔牌集团	22.05
002234	民和股份	22.24

续表

股票代码	证券简称	社会绩效
002236	大华股份	23.26
002237	恒邦股份	22.39
002244	滨江集团	17.6
002246	北化股份	24.86
002249	大洋电机	23.11
002253	川大智胜	21.31
002262	恩华药业	22.62
002272	川润股份	23.49
600004	白云机场	26.42
600006	东风汽车	26.57
600011	华能国际	24.01
600012	皖通高速	15.82
600018	上港集团	43.2
600019	宝钢股份	64.86
600020	中原高速	30.66
600022	济南钢铁	38.2
600026	中海发展	25.66
600027	华电国际	23.81
600029	南方航空	61.73
600031	三一重工	23.35
600033	福建高速	31.97
600037	歌华有线	22.57
600050	中国联通	27.1
600051	宁波联合	22.25
600055	万东医疗	25.67

续表

股票代码	证券简称	社会绩效
600056	中国医药	19.13
600058	五矿发展	25.95
600059	古越龙山	27.91
600060	海信电器	33.96
600062	双鹤药业	34.86
600066	宇通客车	34.58
600067	冠城大通	26.72
600068	葛洲坝	27.49
600071	凤凰光学	23.53
600085	同仁堂	24.45
600087	长航油运	23.85
600089	特变电工	35.5
600096	云天化	38.07
600100	同方股份	27.44
600102	莱钢股份	29.51
600104	上海汽车	40.18
600110	中科英华	23.9
600111	包钢稀土	39.63
600113	浙江东日	20.17
600116	三峡水利	27.39
600117	西宁特钢	27.03
600118	中国卫星	22.86
600125	铁龙物流	22.69
600138	中青旅	17.29
600153	建发股份	22.14

股票代码	证券简称	社会绩效
600163	福建南纸	31.95
600170	上海建工	19.93
600171	上海贝岭	29.15
600173	卧龙地产	16.5
600177	雅戈尔	15.96
600183	生益科技	27.52
600188	兖州煤业	53.21
600195	中牧股份	30.35
600196	复星医药	61.05
600198	大唐电信	71.68
600206	有研硅股	23.97
600210	紫江企业	16.85
600218	全柴动力	19.68
600219	南山铝业	28.44
600243	青海华鼎	27.71
600252	中恒集团	21.77
600255	鑫科材料	20.54
600256	菲达环保	23.53
600260	凯乐科技	20.12
600261	浙江阳光	22.69
600263	路桥建设	25.76
600266	北京城建	21.44
600269	赣粤高速	33.38
600271	航天信息	28.98
600284	浦东建设	46.35

股票代码	证券简称	社会绩效
600303	曙光股份	24.85
600308	华泰股份	26.63
600309	烟台万华	23.89
600310	桂东电力	24.69
600323	南海发展	33.46
600330	天通股份	33.8
600332	广州药业	23.08
600337	美克股份	32
600350	山东高速	27.67
600351	亚宝药业	26.26
600352	浙江龙盛	23.74
600360	华微电子	23.12
600362	江西铜业	19.75
600367	红星发展	24.99
600371	万向德农	32.26
600383	金地集团	29.41
600388	龙净环保	32.87
600392	太工天成	21.4
600396	金山股份	28.7
600423	柳化股份	25.01
600428	中远航运	40.67
600432	吉恩镍业	24.49
600438	通威股份	27.85
600439	瑞贝卡	21.84
600444	*ST 国通	20.15

续表

股票代码	证券简称	社会绩效
600452	涪陵电力	27.48
600456	宝钛股份	23.87
600460	士兰微	23.11
600467	好当家	20.85
600468	百利电气	22.41
600483	福建南纺	27.78
600486	扬农化工	33.44
600487	亨通光电	27.47
600488	天药股份	23.75
600497	驰宏锌锗	27.07
600498	烽火通信	40.85
600499	科达机电	24.39
600500	中化国际	35.86
600501	航天晨光	23.06
600507	方大特钢	27.13
600508	上海能源	24.66
600510	黑牡丹	20.74
600511	国药股份	26.58
600517	置信电气	25.77
600528	中铁二局	30.8
600531	豫光金铅	22.93
600533	栖霞建设	31.48
600548	深高速	39.09
600549	厦门钨业	25.81
600557	康缘药业	33.31

股票代码	证券简称	社会绩效
600560	金自天正	24.02
600561	江西长运	32.66
600569	安阳钢铁	26.62
600578	京能热电	31.37
600580	卧龙电气	16
600582	天地科技	17.35
600583	海油工程	27.95
600585	海螺水泥	27.84
600588	用友软件	26.42
600592	龙溪股份	26.85
600596	新安股份	27.52
600597	光明乳业	29.03
600600	青岛啤酒	65.12
600611	大众交通	34.58
600619	海立股份	42.24
600620	天宸股份	18.61
600642	申能股份	25.51
600644	乐山电力	31.56
600649	城投控股	34.59
600658	电子城	21.65
600685	广船国际	22.17
600690	青岛海尔	42.48
600702	沱牌曲酒	29.65
600717	天津港	50.91
600718	东软集团	25.1

续表

股票代码	证券简称	社会绩效
600736	苏州高新	15.56
600748	上实发展	28.54
600750	江中药业	15.2
600755	厦门国贸	24.22
600761	安徽合力	23.28
600780	通宝能源	22.94
600787	中储股份	29.69
600795	国电电力	39.64
600797	浙大网新	22.04
600808	马钢股份	24.23
600829	三精制药	47.02
600835	上海机电	28.75
600836	界龙实业	19.6
600839	四川长虹	33.43
600845	宝信软件	30.21
600858	银座股份	29.03
600860	＊ST北人	16.17
600879	航天电子	24.18
600881	亚泰集团	25.14
600884	杉杉股份	16.11
600886	国投电力	29.17
600889	南京化纤	21.32
600896	中海海盛	21.81
600897	空港股份	31.23
600900	长江电力	30.67

股票代码	证券简称	社会绩效
600962	国投中鲁	38.52
600970	中材国际	24.56
600973	宝胜股份	17.33
600979	广安爱众	23.94
600980	北矿磁材	22.8
600992	贵绳股份	22.15
600993	马应龙	37.22
600995	文山电力	36.59
600997	开滦股份	23.19
601006	大秦铁路	27.03
601007	金陵饭店	33.96
601008	连云港	27.43
601088	中国神华	68.76
601111	中国国航	27.03
601588	北辰实业	21.06
601600	中国铝业	24.39
601699	潞安环能	53.4
601857	中国石油	63.42
601899	紫金矿业	35.09
601919	中国远洋	33.38
601991	大唐发电	52.89

数据来源:润灵环球责任评级在和讯网上公布的对上市公司2008年度社会责任报告评级结果,是笔者手工查阅的各家公司的得分情况

参考文献

[1]Drucker,P. F. The Practice of Management[M]. New York,NY:Harper & Row Publishers:1954,388—392.

[2]Ernst & Ernst. Social responsibility disclosure[M]. Cleveland:Ernst & Ernst,1971.

[3]Foster,George. Financial Statement Analysis[M]. Englewood Cliffs, N. J:Prentice Hall,1986.

[4]FREEMAN R, EDWARD. Strategic Management:A stakeholder approach[M]. Boston:Pitman,1984.

[5]Friedman M. Capitalism and Freedom[M]. Chicago:Chicago University Press,1962.

[6]Parsons,T. Structure and process in modern societies [M]. Glen-coe,IL: Free Press,1960.

[7]阿齐·B.卡罗尔、安·K.巴克霍尔茨.企业与社会:伦理与利益相关者管理[M].北京:机械工业出版社,2004.

[8]财政部会计司.企业内部控制规范讲解[M].北京:经济科学出版社,2010.

[9]常勋.国际会计[M].大连:东北财经大学出版社,2001.

[10]樊纲,王小鲁,朱恒鹏.中国市场化指数——各地区市场化相对进程2006年报告[M].北京:经济科学出版社,2007.

[11]葛家澍,林志军.西方财务会计理论[M].厦门:厦门大学出版社,2001.

[12]卢代富.公司社会责任的经济学和法学分析[M].北京:法律出版社,2003.

[13]卢梭,何兆武.社会契约论:政治权利的原理[M].北京:商务印书馆,2003.

[14]罗斯.L.瓦茨,杰罗尔德.L.齐默尔曼.实证会计理论[M].大连:东北财

经大学出版社,1999.

[15]马克斯・韦伯.学术与政治[M].北京:三联书店,1998.

[16]沈洪涛,沈艺峰.公司社会责任思想起源与演变[M].上海:上海人民出版社,2007.

[17]叶陈刚.企业伦理与会计道德[M].大连:东北财经大学出版社,2008.

[18]尤尔根・哈贝马斯著;刘北成,曹卫译.合法化危机阿[M].上海:上海人民出版社,2000.

[19]Abbott,W F,andMonsen,R J. On the Measurement of Corporate Social Responsibility:Self-report Disclosureas a Method of Measuring Social Involvement [J]. Academy of Management Journal, 1979, 22 (3): 501—515.

[20]Adams,Carol. A,Wam-Ying Hill and Clare B. Roberts. Corporate Social Reporting Practices In Western Europe:Legitimating Corporating Behavior[J]. British Accounting Review,1998,30:1—21.

[21]Ahmed Belkaoui and Philip G. karpik. Determinants of the Corporate Decision to Disclose Social Information[J]. Accounting,Auditing & Accountability Journal,1988,2(1):36—51.

[22]Anderson,J. C. and A. W. Frankle. Voluntary social reporting:An iso-beta Portfolio analysis[J]. The Accounting Review,1980,3:467—479.

[23]Baden D A,Harwood I A,Woodward D G. The effect of buyer Pressure on suppliers in SMES to demonstrate CSR Practices:An added incentive or counter Productive [J]. European Management Journal, 2009, 1: 1—13.

[24]Baron,D. P. Private Politics,Corporate Social Responsibility,Integrated strategy[J]. Journal of Economics & Management strategy, 2001, 10: 7—45.

[25]Booth P,Moores K,Mcnamara R. Researching the Information Content of Social Responsibility Disclosure [J]. British Accounting Review, 1987,19:35—51.

[26]BowmanE. H. , HaireM. A Strategic Posture toward Corporate Social Responsibility[J]. California Management Review,1975,18(2):49—58.

[27]BowmanE. H. Strategy annual reports,and alchemy[J]. California man-

agement review,1978,20(3):64—71.

[28]Carol A. Adams. A commentary on:Corporate Social Responsibility Reporting and Reputation Risk Management[J]. Accounting,Auditing & Accountability Journal,2008,21(3):365—370.

[29]Carroll,A. B. The Pyramid of Corporate Social Responsibility:Toward the Moral Management of Organizational Stakeholder[J]. Business Horizons,1991,4:18—39.

[30]Carroll,ArchieB,A Three-Dimensional Conceptual Model of Corporate Performance[J]. The Academic of Management Review,1979,4(4):497—505.

[31]Cho,C. and Patten,D. The Role of Environmental Disclosures as Tools of Legitimacy:a Research Note[J]. Accounting,Organization and Society,2007,32:639—647.

[32]Coehran PhiliP L. and Robert A. Wood. Corporate Social Responsibility and Financial Performance [J]. Academy of management Journal,1984,27(1):42—56.

[33]Cormier,D. M. Magnan. Corporate Environmental Disclosure Strategies:Determinants,Costsand Benefits[J]. Journal of Accounting,Auditing and Finance,1999,14(4):429—452.

[34]Cullen,L. and Christopher,T. Governance Disclosures and Firm Characteristics of Listed Australian MiningCompanies[J]. International Journal of Business Studies,2002,10(1):37—58.

[35]DEEGAN C,RANKIN M,TOBIN J. An examination of the corporate social and environmental disclosures of BHP from 1983-1997,a test of egitimacy theory[J]. Accounting,Auditing & Accountability Journal,2002,15(3):312—343.

[36]DEEGAN C,RANKIN M,VOGHT P. Firms' disclosure reactions to major social incidents:Australian evidence[J]. Accounting Forum,2000,24(1):101—130.

[37]Dierkes,M. and Preston,L. E. Corporate social accounting reporting for the physical environment:a critical reviewandimplementation proposal [J]. Accounting,Organizations and Society,1977,2(1):3—22.

[38]Donaldson, T. & Preston L. E. The Stakeholder theory of the Corporation: Concepts, Evidence, and Implications[J]. Academy of Management Review, 1995, 20(1): 65—91.

[39]Dummett K. Drivers for corporate environmental responsibility [J]. Environment, Development and Sustainability, 2006, 8(3): 375—389.

[40]FamaE F, Jensen M. Separation of Ownership and Control[J]. Journal of Law and Economics, 1983, 26: 301—325.

[41]Fogler H. R, Nutt, F. A Note on Social Responsibilityand Stock Valuation [J]. Academy of Management Journal, 1975, 18(1): 155—159.

[42] FREEDAM M, WASLEY C. The association between environmental performance and environmental disclosure in annual reports and 10 Ks [J]. Advances in Public Interest Accounting, 1990, 3: 183—193.

[43]Givel M. Motivation of chemical industry social responsibility through Responsible Care [J]. Health Policy, 2007, 81(1): 85—92.

[44] Gray, Rob, Mohammed. Javad, and David M. Power and C. Donald Sinclair. Social and Environmental Disclosure and Corporate Characteristics: A Research Note and Extension [J]. Journal of Business Finance & Accounting, 2001, 4(3): 327—355.

[45]Guthrie, James, and Lee, Parker. Corporate social Rebuttal of Legitimacy Theory[J]. Accounting and Business Research, 1989, 76(19): 343—352.

[46]HANIFFA R M, COOKE T E. The impact of culture and governance on corporate social reporting[J]. Journal of accounting and public policy, 2005, 24: 391—430.

[47]Haniffa R M, Cooke T E. The impact of culture and governance on corporate social reporting [J]. Journal of accounting and public policy, 2005, 24: 391—430.

[48]Haniffa R M, Cooke T E. The impact of culture and governance on corporate social reporting [J]. Journal of accounting and public policy, 2005, 24: 391—430.

[49]Heledd Jenkins and Natalia Yakovleva. Corporate Social Responsibility in the Mining Industry: Exploring Trends in Social and Environmental Disclosure[J]. Journal of Cleaner Production, 14: 271—284.

[50]Jenoen,M. C. Agency Costs of Free Cash Flow,Corporate Finance and Takeover,American Economic Review,1986,76(2):323—329.

[51]John J. Forker. Corporate governance and disclosure quality [J]. Accounting and Business Research,1992,86:111—124.

[52]Joyce van der Laan Smith,Ajay Adhikari,Rasoul H. Tondkar. Exploring differences in social disclosures internationally: A stakeholder perspective[J]. Journal of Accounting and public policy,2005,24(2):123—151.

[53]K. T. Trotman,G. W. Bradley. Association Between Social Responsibility Disclosure and Characteristics of Companies [J]. Accounting,Organizations and Society,1981,6(4):355—362.

[54]Li,Y. ,Richardson,G. D. and Thornton,D. B. Corporate disclosure of environmental liability information: theory and evidence[J]. Contemporary Accounting Research,1997,14(3):435—474.

[55]Mcwilliams A,Siegel D. Corporate social responsibility: A theory of the firm Perspective[J]. Academy of Management Review, 2001, 26 (1): 117—227.

[56]MeGuire J. B. ,Sundgren A. ,Sehneeweis T. Corporate Social Responsibility and Firm Financial Performance [J]. Academy of Management Journal,1988,31(4):854—872.

[57]Muhammad Azizul Islam and Craig Deegan. Media pressures and corporate disclosure social responsibility performance information: a study of two global clothing and sports retail companies[J]. Accounting and Business Research,2010,40(2):131—148.

[58]Nazhi,A. Mohd Ghazali. Ownership structure and corporate Social Responsibility disclosure: some Malaysian evidence[J]. Corporate Governance,2007,3(7):251—266.

[59]NEU D,WARSAME H,PEDWELL K. 1998. Managing public impressions: environmental disclosures in annual reports[J]. Accounting,Organizations and Society,1998,23(3):265—282.

[60]Orlitzky M,Schmidt F. L,Rynes S. Corporate Social and Financial Performance: A Meta-analysis [J]. Organization Studies,2003,24(3):403—411.

[61]Patten D. M. Intra-industry environmental disclosures in response to the Alaskan oil spill:a note On legitimacy theory[J]. Accounting,organizations and Society,1992,17(5):471—475.

[62]Patten,D. Intra-industry Environmental Disclosures in Response to the Alaskan Oil Spill:a Note on Legitimacy Theory[J]. Accounting,Organization and Society,1992,17(5):471—475.

[63]Patten,D. M. ,Exposure,Legitimacy and Social Disclosure[J]. Journal of Accounting and Public Policy,1991,10:297—308.

[64]Richadson A J,Welker M. Social Disclosure,Financial Disclosure and the Cost of Equity Capital[J]. Accounting,Organizations and Society, 2001,26(8):597—616.

[65]Richardson A J,Welker M. Social Disclosure,Financial Disclosure and the Cost of Equity Capital[J]. Accounting,Organizations and Society, 2001,26(8):597—616.

[66]Robert W. Ingram. An Investigation of the Information Content of(Certain) Social Responsibility Disclosures [J]. Journal of Accounting Research,1978,16(2)(Autumn):270—285.

[67]Roberts,R. W. Determinants of corporate social responsibility disclosure:an application of stakeholder theory[J]. Accounting,Organizations and Society,1992,17(6):595—612.

[68]Ruf,B. M. ,Muralidhar,K. ,Brown,R. M. ,Janney,J. J. &Paul,K. An empirical Investigation of the relationship between change in corporate social Performance and financial Performance:a stakeholder theory Perspective[J]. Journal of Business Ethies,2001,32(2):143—156.

[69]Sen,S. ,Bhattacharya,C. B. ,& Korschun,D. The role of corporate social responsibility in strengthening multiple stakeholder relationships [J]. Journal of the Academy of Marketing Science, 2006, 34 (2): 158—166.

[70]SIMON KNOX,STAN MAKLAN,PAUL FRENCH. Corporate Social Responsibility:Exploring Stakeholder Relationships and Programme Reporting across Leading FTSE Companies[J]. Journal of Business Ethics,2005,61:7—28.

[71]SIMON S GAO,SAEED HERAVI,JASON ZEZHENG XIAO. Determinants of corporate social and environmental reporting in Hong Kong: a research note[J]. Accounting Forum,2005,29:233—242.

[72]Sinclair-Desgagne',B. and Gozlan,E. A theory of environmental risk disclosure[J]. Journal of Environmental Economics and Management, 2003,45(2):377—393.

[73]Singh,D R,Ahuja,J M. Corporate social reporting in India[J]. International journal of accounting education and research, 1981, 18 (2): 151—170.

[74]Spicer B. H. Investors,Corporate Social Performance and Information Disclosure:An Empirical Study [J]. The Accounting Review,1978,53 (1):94—111.

[75]Suchtnan,M. C. Managing Legitimacy:Strategic and Institutional Approaches [J]. The Academy of Management Review, 1995, 20 (3): 1571—610.

[76]TILT C A. The Influence of External Pressure Groups on Corporate Social Disclosure,Some Empirical Evidence [J]. Accounting Auditing and Accountability Journal,1994,7(4):47—73.

[77]Trotman,K T. and G W. Bradley. Associations Between Social Responsibility disclosure and Characteristics of Companies[J]. Accounting,Organizations and Society,1981,6(4):355—362.

[78]Walden,W. D and Schwartz ,B. N. Environmental Disclosures and Public Policy Pressure[J]. Journal of Accounting and Public Policy,1997, 16:125—154.

[79]Walden,W. D and Schwartz,B. N. Environmental Disclosures and Public Policy Pressure[J]. Journal of Accounting and Public Policy,1997,16: 125—154.

[80]Wartick,S. L. and P. L. Coehran. The Evolution of the Corporate Social performance Model[J]. Academic of Management Review,1985,10(4): 758—769.

[81]Willis,A. The role of the Global Reporting Initiative's Sustainability Reporting Guidelines in the social screening of investments[J]. Journal

of Business Ethics,2003,43(3):233—237.

[82] Wood,D. J. & Jones,R. E. Stakeholder Mismatching:A Theoretical problem in Empirical Research on Corporate Social Performance[J]. International Journal of organizational Analysis(1993-2002),1995,3(3):229—267.

[83]Wood,D. J. Corporate Social Performance Revisited[J]. The Academy of Management Review,1991,16(4):691—718.

[84]Yamagami,T. and Kokubu,K. A Note on Corporate Social Disclosure in Japan [J]. Accounting,Auditing and Accountability Journal,1991,4(4):32—39.

[85]白春阳.社会信任的基本形式解析[J].河南社会科学,2006(1):4—6.

[86]陈小林,罗飞,袁德利.公共压力、社会信任与环保信息披露质量[J].当代财经,2010(8):111—121.

[87]陈玉清,马丽丽.我国上市公司社会责任会计信息市场反应实证分析[J].会计研究,2005(11):76—81.

[88]金立印.企业社会责任运动测评指标体系实证研究——消费者视角[J].中国工业经济,2006(6):114—20

[89]黎精明.关于我国企业社会责任会计信息披露问题的研究[J].武汉科技大学学报,2004(3):8—12.

[90]李立清.企业社会责任评价理论与实证研究:以湖南省为例[J].南方经济,2006(1):105—117.

[91]李玉萍.网络环境下企业社会责任信息披露影响因素研究[J].软科学,2009(6):102—105.

[92]李正,向锐.中国企业社会责任信息披露的内容界定、计量方法和现状研究[J].会计研究,2007(7):3—11.

[93]李正.企业社会责任信息披露影响因素实证研究[J].特区经济,2006(8):324—325.

[94]刘长翠,孔晓婷.社会责任会计信息披露的实证研究[J].会计研究,2006(10):36—43.

[95]刘东荣.基于企业价值的上市公司社会责任信息披露实证分析[J].系统工程,2009(2):69—72.

[96]刘敏,李大龙.社会责任信息披露的实证研究——基于辽宁企业经济上市

公司 2009 度的数据分析[J].企业经济,2011(2):136—138.

[97]刘敏,许海燕.社会责任信息披露影响因素实证研究——来自深沪市 2008 年度的经验数据[J].财会通讯,2010(12):21—23.

[98]马连福,赵颖,胡艳.投资者关系非财务信息披露指数设计与应用研究 [J].经济与管理研究,2006(12):39—44.

[99]屈文洲,蔡志岳.我国上市公司信息披露违规的动因实证研究[J].中国工 业经济,2007(4):96—103.

[100]沈洪涛,金婷婷.我国上市公司社会责任信息披露的现状分析[J].审计 与经济研究,2006(3):84—87.

[101]沈洪涛,杨熠.公司社会责任信息披露的价值相关性研究——来自我国 上市公司的经验证据[J].当代财经,2008(3):103—107.

[102]沈洪涛.公司特征与公司社会责任信息披露——来自我国上市公司的经 验证据[J].会计研究,2007(3):9—16.

[103]沈艺峰,沈洪涛.论公司社会责任与相关利益者理论的全面结合趋势 [J].中国经济问题,2003(2),51—60.

[104]宋献中,龚明晓.公司会计年报中社会责任信息的价值研究[J].管理世 界,2006,(12):104—110.

[105]宋献中,龚明晓.社会责任信息的质里与决策价值评价——上市公司会 计年报的内容分析[J].会计研究,2007(2):37—43.

[106]汤亚莉,陈自力,刘星等.我国上市公司环境信息披露状况及影响因素的 实证研究[J].管理世界,2006(1):158—159.

[107]田志龙,贺远琼,高海涛.中国企业非市场策略与行为研究——对海尔、 中国宝洁、新希望的案例研究[J].中国工业经济,2005(9):82—90.

[108]王长义.公司治理与企业社会责任:基于历史视角的研究[J].现代管理 科学,2007(11):75—76.

[109]王建明.环境信息披露、行业差异和外部制度压力相关性研究——来自 我国沪市上市公司环境信息披露的经验证据[J].会计研究,2008(6): 54—62.

[110]温素彬,方苑.企业社会责任与财务绩效关系的实证研究——利益相关 方视角的面板数据分析[J].中国工业经济,2008(10):150—160.

[111]巫升柱.中国上市公司年度报告自愿披露影响因素的实证分析[J].当代 财经,2007(8):121—124.

[112]吴翊民.企业社会责任与环境信息披露研究[J].上海经济研究,2009
(1):41—46.

[113]肖华,张国清.公共压力与公司环境信息披露——基于"松花江事件"的
经验研究[J].会计研究,2008(5):15—22.

[114]阳秋林.中国社会责任会计信息披露模式的架构[J].当代财经,2005
(6):85—86.

[115]杨春方.中国企业社会责任影响因素实证研究[J].经济学家,2009(1):
66—76.

[116]姚海鑫,陆志强,李红玉.企业社会责任对股东财富影响的实证研究[J].
东北大学学报,2007(7):613—813.

[117]曾楚宏,朱仁宏,李孔岳.基于战略视角的组织合法性研究[J].外国经济
与管理,2008(2):9—15.

[118]张程睿,赛静.我国上市公司违规信息披露的影响因素研究[J].审计研
究,2008(1):75—81.

[119]张健.合法性内涵及政府合法性问题[J].理论与现代化,2008(1):
12—14.

[120]张维迎,柯荣住.信任及其解释:来自中国的跨省调查分析[J].经济研
究,2002(10):59—70.

[121]赵颖,马连福.海外企业社会责任信息披露研究综述及启示[J].证券市
场导报,2007(8):14—22.

[122]钟田丽,贾立恒,杜淑洁.独立董事比例与上市公司自愿披露程度的相关
性[J].东北大学学报(自然科学版),2005(8):809—812.

[123]龚明晓.企业社会责任信息决策价值研究——基于会计年报信息的分析
[D].广州:暨南大学博士论文,2007.

[124]李红玉.中国上市公司社会责任信息披露效应的实证分析[D].沈阳:辽
宁大学博士论文,2010.

[125]李诗田.合法性、代理冲突与社会责任信息披露[D].广州:暨南大学博
士论文,2009.

[126]李正.企业社会责任信息披露[D].厦门:厦门大学博士论文,2007.

[127]凌兰兰.上市公司社会责任报告披露问题研究[D].合肥:合肥工业大学
博士论文,2009.

[128]彭华岗.中国企业社会责任信息披露理论与实证研究[D].长春:吉林大学博士论文,2009.

[129]沈洪涛.公司社会责任与公司财务业绩关系研究——基于相关利益者理论的分析[D].厦门:厦门大学博士论文,2005.

[130]王雪.上市公司自愿性披露行为研究[D].成都:西南财经大学博士论文,2004.

[131]谢文武.企业社会绩效的治理分析——一个新的分析框架及其应用[D].杭州:浙江大学博士论文,2010.

[132]尹聪.基于公共压力危机的我国上市公司环境信息披露的实证研究[D].长春:吉林大学硕士论文,2009.

[133]袁蕴.企业社会责任信息披露研究[D].成都:西南财经大学博士论文,2007.

[134]郑海东.企业社会责任行为表现、测量维度、影响因素及对企业绩效的影响[D].杭州:浙江大学博士论文,2007.